最高の結果を得る
戦略的交渉の全技術

Business Negotiation Strategies and Tactics That Score the Best Deals

石井通明

日本実業出版社

はじめに

本書は**交渉の知識を有効に利用することにより、人生にとっての最高の結果を得る**という前向きな本です。あなたがどんな人で、どんな経験をこれまでしてきていて、どのような意見を持っていようとも、共通して交渉力の向上を期待することができます。

世に語られているような交渉の技術については、どこか杓子定規なものが多く、目の前で起きている口喧嘩に勝つためのよう技術を語っていて、しかも実践的ではないため、どのような場面で利用して良いか結局わからないという声を多く聞きます。

皆さんは「交渉」という言葉に、どのような印象を持っていますか？

少なくとも私は、良い印象を持っていませんでした。

交渉が求められる場面というのは、常に精神的負荷を強いられ、気持ちを揺さぶられ、自分が良い思いを得られないような、否定的な印象があります。

このように交渉に良いイメージを持っていないのは、実は日本人特有の意識であるということをご存知でしたか？

背景にあるのは「後くされ」という文化です。

交渉がその場では終わらず、結果が出たのにもかかわらず、その後の人間関係に癒着すると、悪化する、仕返しをされる、という傾向が顕著にあります。多くの人はこのようなネチネチしたやり取りを嫌うため、黙って生活していて、波風が立たないように時間を過ごすことが一番だと考える人が多いのです。これが日本の「ことなかれ主義」を助長しています。

要するに「面倒」なのです。交渉することを面倒に感じ、最善の回答を求めることなく、話を終わらせようとしている人が非常に多いのです。

もし、これらの内容が思い当たる人はよく考えてほしいです。それは実は「自己犠牲」に当てはまっていないかということを。**今回本書で書かれている「最高の結果を得る交渉」というものは今の自分の考え方を変え、これまでうまく行かなかったことに対して変化をもたらすことができます。**

「戦略的交渉」と聞くと、身構えてしまうでしょうか。

何かまた難しそうな話が始まったと思われるかもしれません。

戦略的、という形で書かせてもらったのは、目の前の口喧嘩に勝つような話術が交渉ではないからです。「肉を切らせて骨を断つ」をいう日本のことわざにあるように、たとえ目の前で肉を切られようとも、最終的に相手の骨を断つという目的に達する、つまりは**目的にたどり着くための手段として、目の前の勝ち負けではなく、最終的に自分にとって満足の行く結果にたどり着く、という点に戦略的交渉の意義があります。**知っていると知らないでは大きく違います。

本書での狙いは、表面的な交渉の技術を学ぶだけではなく、手順や考え方を吸収し自分のものにして、どのような場面でも、どのような相手でも、自分の考えとして交渉を実施することができるようになることです。

本書で語られることが、あなたの環境の全てに当てはまるとは限りませんが、特に大事なのは、現在、そしてご自身の生涯に渡って利用できそうなものを見極め、そこにフォーカスし、自分や周りの人の人生に価値を与える方法をアウトプットしていくことです。

私がＭＢＡ（経営学修士）という学びの空間で得てきたもの、それは日本とは圧倒的に違ったスタイルでの授業でした。

日本のような先生と生徒が向かい合って先生の言うことが全て、というような一方的な授業ではなく、大半が生徒同士のディスカッションによるものです。自分で発言する意見を考え、名だたる日本企業や外資系企業の役職者たちと様々なテーマに対して意見をぶつけ合います。そのような環境で切磋琢磨してきたことで多くのものを得てきました。

そこで感じたことは**本当に大切なのは教科書の内容を覚えることではなく、考え方や自分の意**

見を口に出して述べることや、相手に対してのＹｅｓをいかにして得るかという筋道を立てることであるということでした。

そのことを踏まえ、第一線で利用される交渉の概念を、さらにわかりやすく噛み砕き、いかに多くの方の日常にお役立て頂けるかということを考え、著したものが本書の内容になっています。

この本は、特に次のような方に読んでほしいと思って書きました。

- **人との会話でいつも思うように行かない方**
- **他の人がうまく話を進めている理由がわからず、ヤキモキしている方**
- **今よりも、もっと人生を上手に進めたいと思っている方**

序章では『交渉を「戦略的」に進めるためにまず知っておくべきこと』として、交渉にあたっての基礎的な部分を網羅させて頂きました。

第１章では『戦略的交渉で勝つには、「交渉相手」を見きわめる！』として、相手の傾向を判断し、どのような形で話を進めていけば良いかという点を記載しました。

第２章では、『戦略的交渉に必要な 相手を「味方」にするための技術』として、自分目線の意見を語るのではなく、いかに相手を味方にするかという点に触れました。

第3章では『交渉のプロも使う「感情」を刺激して有利に導く極秘スキル』として、実際に話を有利に進めていく上で有用な手法について具体的に書かせていただきました。こちらはぜひ、実践の場でも活用して、身につけてほしいです。

第4章では、『戦略的交渉を有利にする対話型会話スキル――「聞き方」「質問」の技術』として、会話の中で上手に織り交ぜることで、話が有用に進む技術になりますので、こちらもぜひ体得して頂きたいです。

第5章では、『戦略的交渉は「見た目・印象・視線」で大きく変わる！』として、交渉が実際の会話だけでなく、印象操作もとても重要な要素であるという点について書いています。

第6章では、『戦略的交渉で時に必要になる「謝り方」のテクニック』として、日本流の良い関係を築くための有効な「謝り方」について触れました。

第7章では、『「難航」する交渉にどのように対応すればいいか』として、困難な場面に遭遇したときにいかにクリアしていくかについて触れました。

交渉戦略で必要なものは手段と選択肢の準備です。これは本書に書かれているような知識がカバーしてくれます。また、本当の戦略的交渉は立場や役割やバックグラウンドも重要な要素になります。そのことについても本書では触れています。

人間とは「人と人の間」と表現されます。この表現のいわれは諸説ありますが、私はこの交渉をテーマにした時に「人は、人と人の間の『立場』でモノを言う」ととらえています。

誰かの存在を気にしている時、何かの組織の代表としてモノを言わなければならない時、絶対に引くことのできない未来が掛かっている時、保たなければならない面子が発生している時などに、人は自分自身で「立場」を考えてきっちり交渉に応じなくてはなりません。

また、「交渉からその後の派生」というものを問われるのも「日本ならでは」なのかなとも感じています。極端なことを言えば、欧米圏で多くの場面では、交渉はもっとＹｅｓ、Ｎｏに限ったものです。とてもドライなやり取りを基本としており、お互いの「気持ち」みたいなものはそこまで重要視されません。

勝ち負けが明確である分、欧米圏では関係がヒートアップすることがよくあります。そのためアメリカは特に訴訟大国になったと言えます。一方で、白黒がハッキリしている分、良くも悪くも「結果で諦める」という文化が根づいています。

我々は日本に生まれて、優れた言葉の文化を持ち、侘び寂びを他の国人よりも強く感じることのできる私たちは、もっと交渉を楽しみ、自分にとっての『最高の結果』を常に求めてほしいと思っています。

8割くらいの人が、こういった手法を明確に理解していません。
理解している2割の人が、実は常にうまく行っているのです。

この本を手にされた全ての方が、今よりも良い日々になりますよう、心から願っております。

2019年10月

石井 通明

目次

最高の結果を得る「戦略的」交渉の全技術

Strategic Negotiations

序章

交渉を「戦略的」に進めるためにまず知っておくべきこと

Strategic Negotiations

第1章

戦略的交渉で勝つには「交渉相手」を見きわめる！

Strategic Negotiations

第2章

戦略的交渉に必要な相手を「味方」にするための技術

Strategic Negotiations

第3章

交渉のプロも使う「感情」を刺激して有利に導く極秘スキル

Strategic Negotiations

第4章

戦略的交渉を有利にする対話型会話スキル――「聞き方」「質問」の技術

Strategic Negotiations

第5章

戦略的交渉は「見た目・印象・視線」で大きく変わる!

Strategic Negotiations

第6章 戦略的交渉で時に必要になる「謝り方」のテクニック

Strategic Negotiations

第7章

「難航」する交渉にどのように対応すればいいか

カバーデザイン■萩原 睦（志岐デザイン事務所）
本文デザイン・イラスト・DTP■初見弘一
編集協力■小松崎 毅

Strategic Negotiations

序章

交渉を「戦略的」に進めるために まず知っておくべきこと

Strategic Negotiations

1

交渉を「戦略的」に進めることの意味

さて、冒頭からいきなり失礼を承知の上で、まず質問です。

あなたはこれまでどんな人生を歩んできたのでしょうか。

お友だちは多いですか？　一人暮らしをしたことがありますか？　会社にお勤めですか？　誰かとよく飲みに行きますか？　結婚されていますか？　車を持っていますか？

本書は占いの本ではないので、全てに当てはまったからいいとか悪いとか、そういう話ではありません。

あなたが今振り返ったこれまでの人生、その全てが交渉の結果であり、ＹｅｓとＮｏの狭間で綴られてきた物語なのです。

例えば、恋人がいる、伴侶がいる。そのような人は、相手からの「Ｙｅｓ」を獲得し、結婚しているのであれば一般的には親や親戚からの「Ｙｅｓ」を取りつけて、現在に至ります。仕事についていても、採用活動を経て「Ｙｅｓ」を獲得できたから、あなたはその職場にいるわけです。一

交渉で成り立ってきた人生

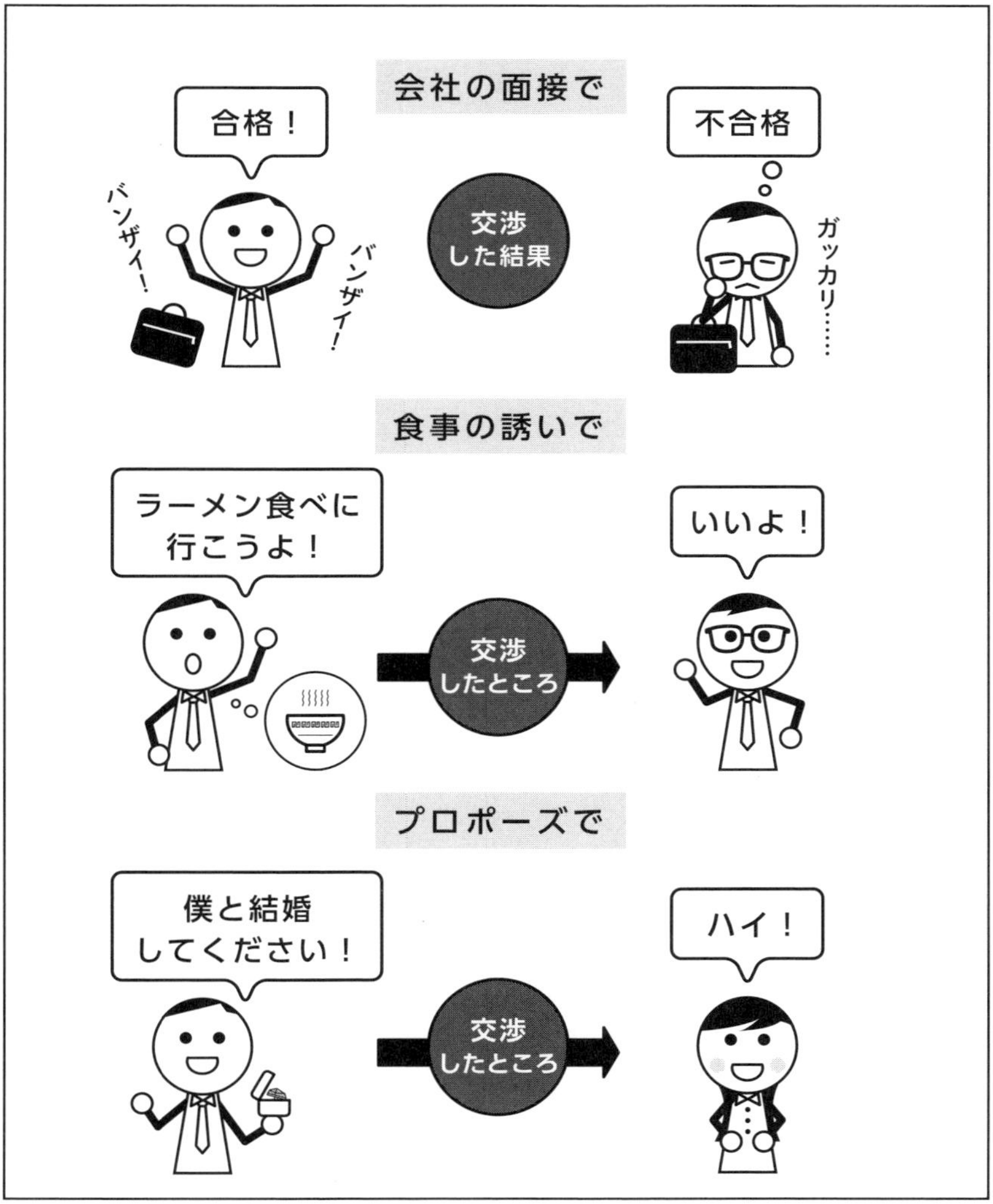

方、「今後益々のご活躍をお祈り申し上げます」といった末筆が添えられた不合格通知、いわゆる「お祈りメール」をもらった人は「Ｙｅｓ」を取れなかったので、その場には存在しません。

「交渉」という言葉だけを見ると、対立した相手との厳しいやり取りを想像しがちですが、必ずしもそうではありません。ごく自然に私たちが日常生活の中でやってきたことです。

「なあ、お昼、ラーメン食べに行こうよ」

「いいよ」

これも友だちとの1対1の交渉で「Ｙｅｓ」を取ったことになります。大きなことからごくごく些細なことまで、これまで様々な交渉相手から獲得した「Ｙｅｓ」に導かれ、今の私たちは存在します。私たちは無意識のうちに、どうすれば「Ｙｅｓ」を取れるかを考えて生きているのです。

「交渉」には、**「交渉学」**と**「交渉術」**とがあります。その違いをわかりやすく説明すると次のようになるでしょう。

好きな相手がいるとします。その人をどう誘い、どういう流れでデートし、最終的にどう告白するか。これは交渉「学」の分野です。一方、その相手に面と向かってデートに連れ出すための誘いや説得。デート中の会話や動作、表情、最後の告白の言葉。これらは交渉「術」となります。

つまり、**交渉学とは大枠の概念や目的の見極め、そのための計画などであり、交渉術はその現場でのやり取りなど直接・間接的な対応の仕方そのものです。**

何の意味もなく交渉をすることはまずありません。必要だからこそ交渉をします。そしてYesが欲しいから交渉するのです。交渉のゴールは「Yesを取ること」であり、それはすなわち自分が勝つこと、Winを獲得することです。

Point!

人生は交渉の連続で「Yes」を取ってきたから今がある。交渉学と交渉術は異なる概念なので混同しないように注意。

Strategic Negotiations

2 「Yes」はその場だけでは得られない

人生は「Yes」を取った結果と述べましたが、もちろん同じ「Yes」にも簡単に取ることができるものと非常に困難きわまりないものとがあります。

友だちをラーメンに誘うことはとても簡単な部類ですが、就職活動で「この会社に入れてください」と泣いて頼んでも、首を縦に振ってくれないのは当たり前。飛び込み営業で相手に「これを買ってくださいよ」と言っても普通は無下に扱われるはずです。

「Yes」を取ることができる場合とできない場合。この違いはどこにあるのでしょうか。

例外的なケースを除けば、戦略がきちんとできていないということにほぼ尽きるでしょう。

就職活動をしていても、その会社のことを全く知らなかったり、自分が何をしたいのか定まっておらず、きちんと伝えられなかったりすると、当然「No」を突きつけられます。その会社のことをきちんと調べ、OB・OGに会って会社情報を深め、自分がなぜその会社を選び、どう貢献できるか。そのような事前の準備を怠っていては、採用される能力を持ち合わせていたとしても落とされます。

これは、交渉「学」に該当する戦略を立てていなかったからです。面接で多少うまく話すことができなくても、「ご法度」とされる2回のノックをしてしまったとしても、この「人物が欲しい」と思わせることができれば、多少のマナー違反など問題ではありません。所詮、面接での些細な出来事です。後から笑い話にでもすればいいのです。

印象を良くしたり、とっさに駆け引きをしたりと、交渉「術」のノウハウはそれなりに必要なことではありますが、極端な話、その場さえ乗り越えてしまえば後はどうでもいいことです。**目的を明確にして事前の準備をし、何度も顔を合わせて友好関係を作り、お互いを知った上で初めて交渉はスタートするのです。思いがけない展開を見せたとしても、事前に想定していれば十分に対処できます。**最終的な落とし所も決まっているはずあり、どうであれそこに着地できれば目的は達成されたことになります。

友だちをラーメンに誘うにしても、友人関係ができているから簡単に誘えるのです。知らない人にいきなり「ラーメンを食べましょう」と言って、OKをもらえることはほぼあり得ません。お互いに信頼関係がなければ、交渉は成立しません。そのためには、それなりの時間をかけて調べ、戦略を練り、初めて交渉へと踏み出すことができるのです。もちろんその後、「Ｙｅｓ」

をもらえるかどうかはわかりません。しかし、大枠としての戦略である交渉学を理解していなければ、成功する確率はほぼゼロであるということは確実に言えることです。

Point!

交渉の真髄「Yes」を獲得するためには信頼関係が重要。調べて戦略を練り、十分な準備をして初めて交渉は始まる。

Strategic Negotiations

3 交渉は「総合的にとらえる」ということを知る

初めて会った人に対して営業しても、成功するのは簡単ではありません。その理由としては、自分と相手との関係性における問題点があります。この項目では交渉の一例として営業の場合で話を進めてみましょう。

まず営業をかける側は、相手よりも立場が弱いという点です。営業をかける側を営業、相手を顧客とすると、顧客にとって営業は見知らぬ存在であり、突然目の前に現れた人物です。提供する商品やサービスも顧客にとって初めて知るものであり、それがどう自分の業務なり会社なりに良い影響を与えるかどうかわかりません。それ以前に、商品を信用していいものかも疑わしいところです。鼻から「そんなものいらないよ」と言われたら、そこで完全に終了です。

しかしその営業が、顧客のよく知る人物からの紹介であれば話は違います。信頼できる人物からの口添えがあるわけですから、「一応話は聞いておこうか」と考えるのは当然でしょう。

さらに、営業がその紹介者のことを話題にし、いかに親しくしているか、またはどれだけお世話になったのかを聞かされると、またさらに印象が変わります。

交渉は、目の前にいる相手とのゼロからのやり取りでは簡単には成功しませんが、自分を知ってもらったり、周囲からのアドバイスを携えてやって来たりといった、その人物の背後にある人間関係や性格など、何らかのバックグラウンドが見えると、成功する・しないは別として、営業からの話は聞いてみようという気になるものです。

もしこの人物とつながりを持つと、自分にとってメリットがあるということが感じられれば、好感度はさらに上がります。それが営業にとって本来の目的と一致するか、さらに別の展開につながるのか。それはケース・バイ・ケースですが、飛び込み営業とは違う未来が見えてくるのは確かです。

共通点を見出すために、出身地を確認したりします。この出身地で何らかの共通点や、自分の興味が一致すると、話は格段に広がります。

例えば、自分自身が山形の出身だったとします。相手も山形、もしくは近しい東北の出身だとすると途端に壁が低くなります。自分が東北出身ではなくとも、山形に興味があることについて触れるのが良いのです。

東京や大阪のような大きな都市出身の方は、なるべく細かい地域に触れましょう。私の場合は「東京出身」と告げても話は「ふーん」と何も広がりませんが、「大田区出身」というと「羽田空港ね」「田園調布ね」みたいな多くの人が知っているキーワードの話題を膨らませることができるのです。

このように、**顧客から「いいな」と思わせるためには、自分自身のバックグラウンドや内面、人間性などを見られているといっても過言ではありません。**

それがどう展開するかは自分次第であり、不確実性は高いものです。しかし予測不能な点をうまく利用し、顧客に「～かもしれない」という何らかの期待値を与えることは、交渉を有利に進める上でとても大切なことです。

Point!

自分のバックグラウンドを知ってもらい信頼を得る。相手に「～かもしれない」という期待値を持たせることが重要。

Strategic Negotiations

4 交渉の不確実性と予測不可能性

ネット社会では、ユーチューバーという人たちが活躍し、人によっては大きな利益を上げています。ブログを毎日更新し、圧倒的なページビュー数を稼いでおり、広告収入を得ている人たちもいます。フォロー数が数百万人というツイッターで発言をしたために、世の中が動いたり、はたまた炎上したりということもあります。

いずれにしろ、その人物の背後に万単位のコミュニティーがあれば、本人の行動や発言によって良くも悪くも世の中の一部を動かすことができるということです。

最近テレビコマーシャル（ＣＭ）の人気がないという悩みを民間の放送局は嘆いていますが、テレビを見る人が減り、ＣＭを飛ばす機能がレコーダーについていては、昔に比べて広告の力が圧倒的に落ちるのは当然です。しかも、テレビＣＭではどれだけ売り上げにつながったかの効果測定はできません。

一方、ユーチューバーやブロガーに商品紹介をしてもらえば、確実に何万人の目に届いたかが

広告媒体の違いと広告費の推移

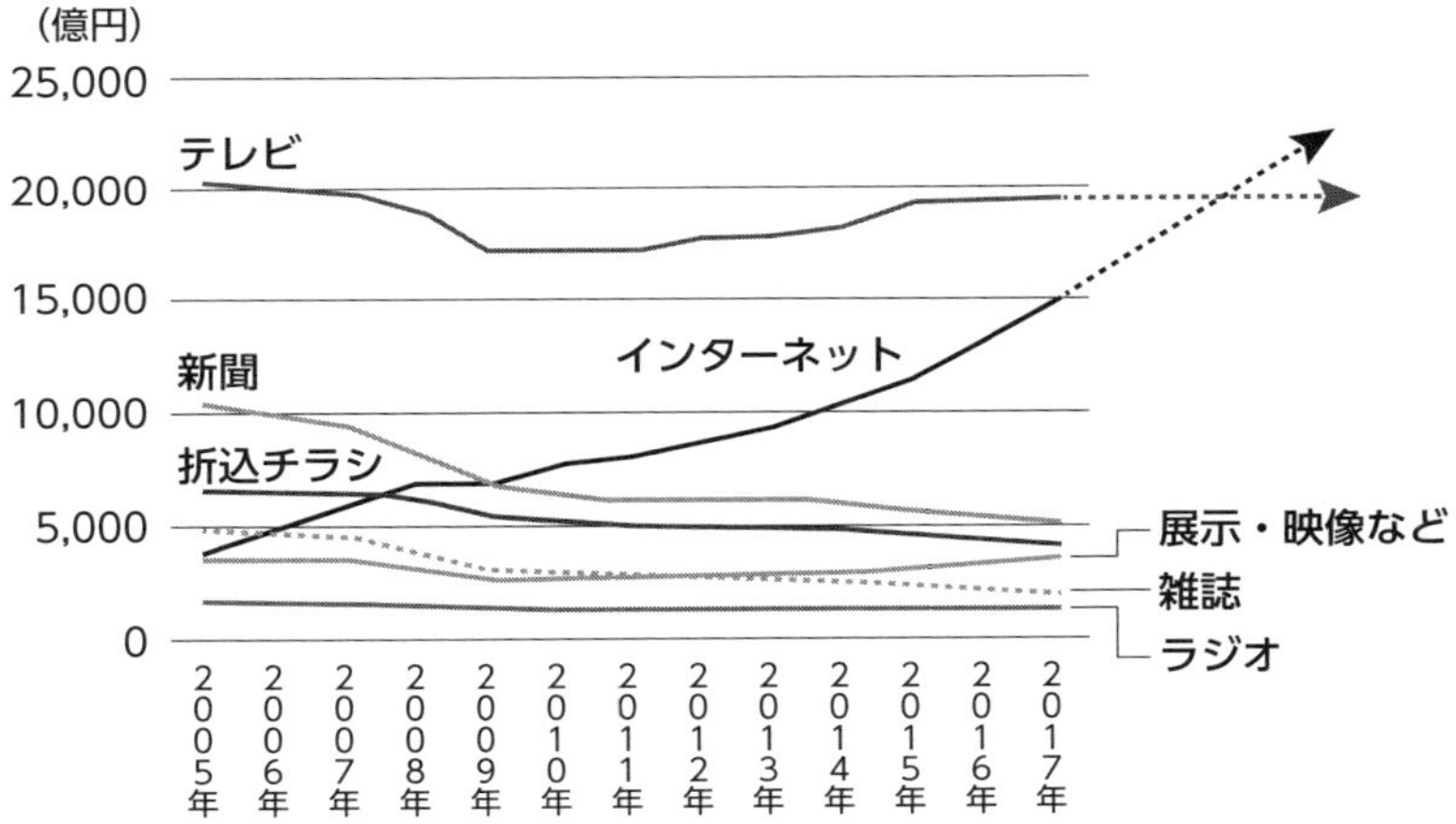

（出所）電通「日本の広告費」より作成

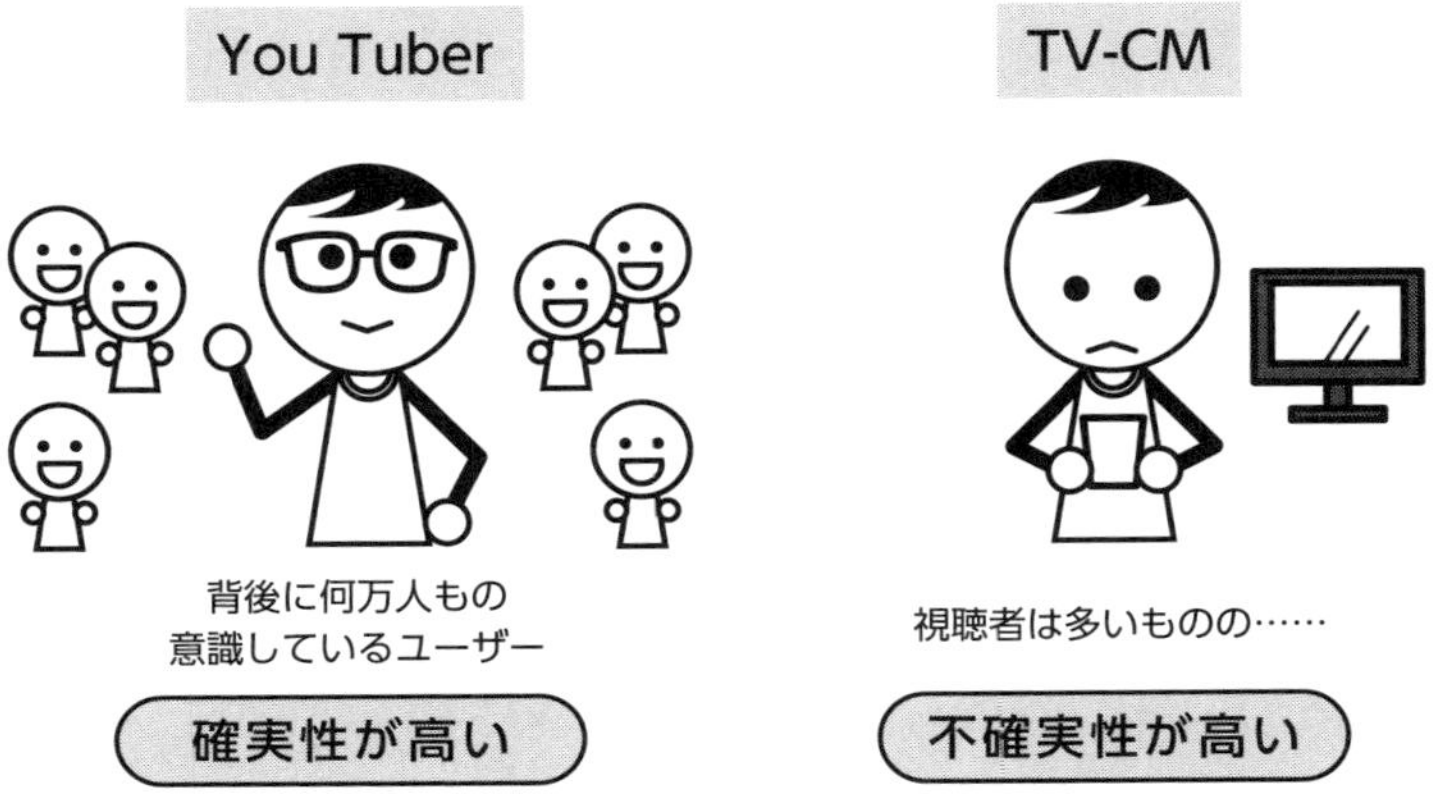

測定できます。ここに売り手としての「～かもしれない」が備わっています。

テレビにCMを打つよりも、確実に多くの人に情報が伝わるのであれば、そちらが選択されるのは当然でしょう。ちょっと極端な例でしたが、**物事の展開には不確実性や予測不可能性があり、そのリスクが低いほう、つまりより確実に近く、より予測可能であるほうが好まれる**ということが傾向としてあるのです。

交渉もまったく同じです。初対面の人よりは面識のある人、もしくは知り合いから紹介された人。信頼できる人のほうが選ばれますし、話を聞いてもらえます。顧客に求められ、期待値を高めてくれる営業のほうが、圧倒的に有利なポジションにあります。

また、最初から無理だと思うような交渉は始めるだけ時間の無駄です。目的が達成されると踏んでいるからこそ、営業をかけるわけです。そこにゴール地点が発生します。例えば、ある商品を売り込むことがゴールであるならば、ゴールを目指して交渉を始めるのが前提です。相手も交渉に乗ってくれているわけですから、基本的に本人のメリットを考えて合致したところがゴール地点です。**お互いがそのゴールに向かって会話を始めるということが、交渉のスタートであり、そこで「Yes」を取ることが営業の役割です。**

その際には、根回しも必要かもしれませんし、金銭的な譲歩や何らかのおまけをつけることも求められるかもしれません。しかし、そこまでいけば、顧客側は営業に対して何かを期待させることができたことになります。いわゆる「食いついてきた」という状況です。

自分のバックボーンをちらちらと見せて、相手からの信頼を得た時から交渉が始まります。実に当たり前のことですが、再度確認しておくべきでしょう。

Point!

交渉はより確実性の高いものほど成功しやすい。決めた着地地点に向かって交渉を始め、信頼を得る努力をしよう。

Strategic Negotiations

5 交渉学から「戦略的」な交渉術へ

ここまで少し説明してきたように、交渉「学」と交渉「術」はまったく異なるものです。ところが社会生活の中で、特にビジネス上、「学」と「術」の境界線がとても曖昧になっていることも事実です。

確かにグレイゾーンに入る部分もないわけではありませんが、ここは前述の通り、**あらかじめモデルケースを考えたり、展開の構想を練ったりして事前に落とし所を見つけておくことを「交渉学」、相手と直接コミュニケーションを取る間に発する言葉や仕草、臨機応変な対応などを「交渉術」とします。**

よく書店などでビジネスパーソンの交渉に関する書籍を見かけますが、これらの場合、その多くが「交渉術」です。相手を目の前にしてどういうコミュニケーションを構築していくかを説いているものが多く、失礼を承知で言えば、比較的「小手先」の技術の習得を目指すことを目的としています。

交渉術と交渉学の違い

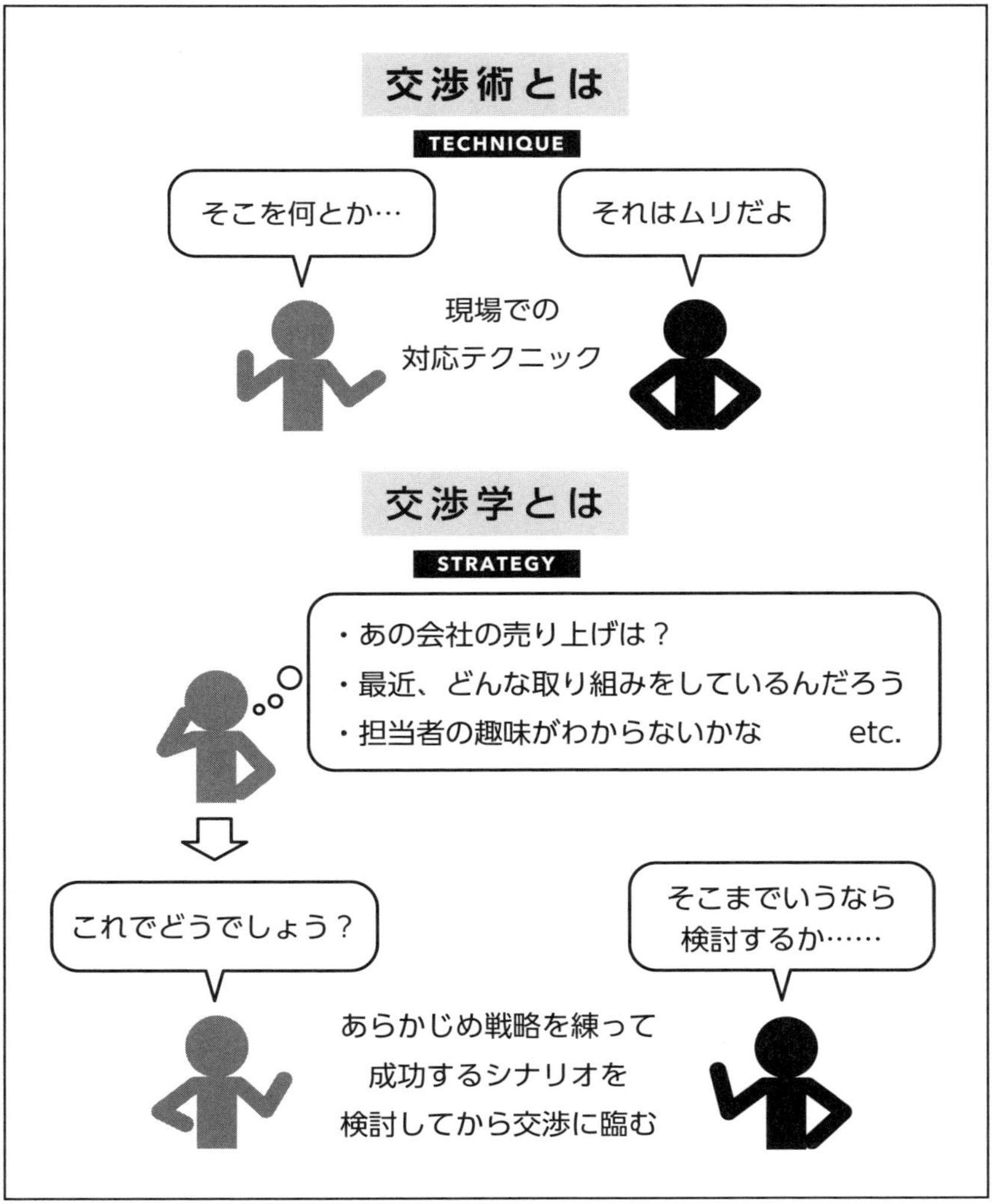
交渉術とは
TECHNIQUE
そこを何とか…
それはムリだよ
現場での
対応テクニック
交渉学とは
STRATEGY
・あの会社の売り上げは？
・最近、どんな取り組みをしているんだろう
・担当者の趣味がわからないかな　etc.
これでどうでしょう？
そこまでいうなら
検討するか……
あらかじめ戦略を練って
成功するシナリオを
検討してから交渉に臨む

一方、ＭＢＡなどを取得する際の論文は、抽象的・哲学的な内容のものもあれば、具体的に目標の設定の仕方、情報収集と分析方法、目的を達成するためのあらゆる研究やシミュレーションなども含めてのあらゆる戦略をまとめるものもあります。しかし、いずれにしろどうしても論理的で、堅苦しいものになります。

ただ、実際にビジネスを展開する場合、戦略を主とする交渉学は最も大切なものですが、戦略がうまく回らなかったところを交渉術で取り戻し、成功に結びつけることができたことも多々あります。「術」は一概に否定することはできない大切な技です。

少なくとも私たちが交渉するにあたって「Ｙｅｓ」を取ることが目的である以上、その目的が叶いさえすれば、「引き寄せの法則」などのようなスピリチュアル的なものがあっても、ダメということはありません。

交渉を自分の思い通りに展開し、相手を動かすことさせできればいいのです。「言霊」ということもよく言われますが、交渉をするためには口を開いて伝え、相手の気持ちを動かすことが重要ですから、「自分はこうしたい、こうありたい」と言葉に発することも、無駄なことではないと思っています。

交渉における4つのプロセスサイクル

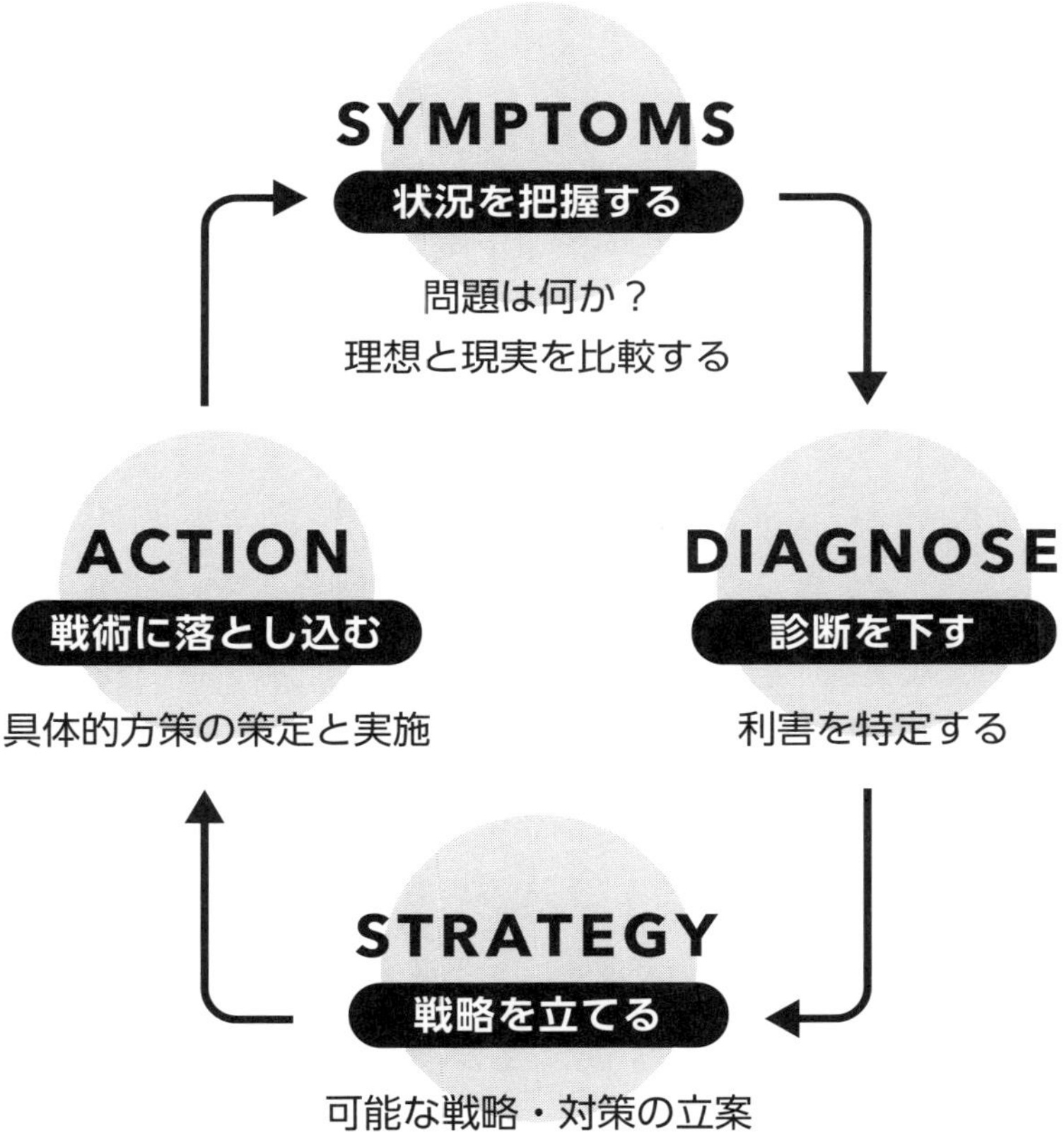

戦略的交渉で成功を収めるためには
プロセスサイクルをしっかり回すことが大切。

交渉において面と向かい、口を開いた段階から交渉術に入っていますが、この行為を最初から考えて例えば改めて身なりを整え、相手の様子を見ながら何を発言しようか考えて発言すると、それは戦略つまり交渉学となります。よって交渉学と交渉術とを厳密に区別することはとても困難なものなのです。

Point!

交渉学と交渉術の両方を意識して〝交渉〟を成功させる。交渉は戦略を持って臨まなければ何も始まらない。

Strategic Negotiations
6

日本流の交渉とハーバード流交渉術

交渉のタイプを説明するその前に、まず交渉する人物の力関係を考えてみましょう。大きく分けると、交渉においては次のような力関係が発生します。

①強者と強者の交渉
②弱者と強者の交渉
③強者と弱者の交渉

①の強者と強者のぶつかり合いは、完全に力任せの戦いになります。一方、②の弱者と弱者の場合とは、相手が弱腰で来た場合の交渉です。ただ、弱腰であってもビジネスでは相手のほうが顧客という立場ですから、そこで強気に出ては目的を達成できるはずはありません。この場で要求されるのは、弱腰に対する弱腰の交渉です。

そこにもうひとつ加わるのが、③の強者と弱者の交渉です。

相手が強力なパワーを持って交渉に臨んできた時、弱腰ではこちらは完全に負けています。そこで交渉が成り立つのか。もし少しでも相手が気に入ってくれないようなことがあったら、交渉はまず成立しません。だからと言って相手の言われるままに動いては、こちらの主体性がなくなり、一方的で隷属的な力関係となってしまいます。

私たちにとって大切なのは、この強者と弱者の交渉なのです。一般的にもこうしたケースが多いことでしょう。

実は、この話はかなり以前、有名な方による有名な書籍として発表されています。

それが米国ハーバード・ロー・スクールの教授ロジャー・フィッシャーとウィリアム・ユーリーによる書籍『ハーバード流交渉術』（邦題）です。サブタイトルはまさしく「Getting to Yes」。ビジネスパーソンならば誰もが一度は聞いたことのある書籍名でしょう。

この書籍はもちろん欧米では絶賛されました。そのタイトルと評判で読まれた日本人も多いはずです。

しかし、この書籍で衝撃を受けたという方はどれだけいらっしゃったでしょう。

欧米は、基本的に強者と強者がぶつかり合い、どちらかを負かすことが交渉の常套手段となっています。西部劇でもおなじみの米国らしい考え方かもしれません。

そんな国でこの本が**注目された理由は、パワーに対してパワーでは向かわず、話の論点を別の**

人や物にすり替える方法がまとめられていたからです。これまで、米国では「考えたこともない斬新な発想」だったため、もてはやされることになったのです。

「ハーバード流交渉の4原則」は次の通りです。

①人と問題の分離
②立場ではなく利害に焦点化
③これから行うことについて決める前に、様々な可能性を出しておく
④結果は客観的――誰もが異論を挟めない主張や状態――な基準で判断すること

この交渉の4原則は日本流であるといえます。

その内容は日本人にとっては別に目新しいことではありません。なぜなら交渉は勝ちか負けかのゼロサムゲームではなく、お互いにちょうどいい落とし所を見つけてそこを目標に交渉するという方法が当たり前だったからです。

もちろん100%勝てれば問題ないでしょうが、そうでなくてもどちらかが一定ラインまで譲歩し、互いにＷｉｎ＝Ｗｉｎの状態に落ち着くことを最初から想定しています。**日本人は、書籍によって改めて教えてもらわなくても、最初から『ハーバード流』の交渉術を身につけていたと**

言えます。

相手の主張をきちんと理解した上で、こちらが譲りながらもある程度までをお願いする。そして交渉成立。まったく普通の交渉です。こうした折衷案を考える方法は、「原則立脚型交渉」とも呼ばれます。詳しくは第2章で取り上げるので、そちらを参照してください。

欧米、さらにアジア圏においても基本的には主張した者勝ちで、相手の気持ちをくんで考えるという発想が日本人よりも少ない傾向にあります。

これが場合によっては「日本人は主張しない」と貶められたり、日本人特有の「ことなかれ主義」につながるという悪しき慣習になったりするのですが、それはいわば極論です。**基本的に、日本人は無意識に引き分けを目指し、お互いにいい気持ちで交渉を終了させることを望んでいるのです。いわゆる「空気を読む」という行為によって、相手の心情を考えた上で「さてどうしよう」と検討するのが、日本型交渉の展開のパターンだと言えるでしょう。**

Point!

『ハーバード流』交渉術は日本人がすでにやっていた交渉方法。Ｗｉｎ＝Ｗｉｎの状態に落ち着くことを最初から想定している。

Strategic Negotiations

7 交渉には「3つのタイプ」がある

では、具体的な交渉の仕方について見ていきましょう。

交渉関連の書籍にもよく取り上げられていることなので、ここで改めて取り上げるまでもないかもしれませんが、ひとまず説明させていただきます。

交渉の方法については、大きく分けて3つのタイプがあります。それは次のような形です。

①分配型交渉
②利益交換型交渉
③価値創造型交渉

まずは①の**分配型交渉**から。これは簡単に言えば、お互いが自分の取り分を話し合い、駆け引きを行いながら、お互いにメリットのあるところで折り合う交渉方法です。こうした説明の場合、よくパイが例に挙げられますが、両者が均等に半分にしてもいいですし、交渉次第では6：4に分配するなどといった場合もあるでしょう。言えるのは、一方が特をする分、他方は損を受け入れるということになります。

②の**利益交換型交渉**は、パイを分割する時に、よく焼けているところが好きな人とデコレーション部分が好きな人など、お互いの好みがあった場合に、「こっちをあげるから代わりにこっちをください」と、お互いの一致点と不一致点を明確にして分配する方法です。両者がＷｉｎ＝Ｗｉｎに収まるような折衷案であり、日本的な交渉のひとつです。

③の**価値創造型交渉**は、その名の通り、お互いに協力して価値を生み出し、そこからお互いに利益を手にするという方法です。

パイで説明すると、材料を持っている相手と焼く道具を持っているこちらが協力してパイというものを作り出し、それを半分にするといったケースです。

昔からある交渉術ですが、「価値創造型」という言葉は特に２０１０年代から色々なジャンルで言われるようになりました。価値を創造するということは、お互いの利害関係をベースに素晴らしいものを生産するということであり、特にＩＴ系の分野では様々な局面で見られます。このこうした商品開発は「マーケティング３・０」などとも呼ばれるため、③は「**交渉術３・０**」と言ってもいいかもしれません。

交渉における３つの基本タイプ

① 分配型 交渉	一定量である１つのパイを２人でどのように分けるかという方法。一方が多く取れば、他方はその分利益が少なくなるという、極めて単純な理屈に基づいた分配の仕方が特徴。
② 利益交換型 交渉	一方がケーキのイチゴを取ったら、代わりに他方がチョコレートのデコレーションを取るように、求める部分を明確にして、一致点と不一致点を切り分け、好きなほうを取る方法で、両者がＷｉｎ＝Ｗｉｎに収まるような日本的な折衷案。
③ 価値創造型 交渉	パイの材料を互いに持ち寄り、協力してでき上がったパイを分割する方法。お互いに協力して価値を生み出し、そこから互いに利益を手にする方法。まだ見えないＷｉｎ＝Ｗｉｎゴールを互いに了承し合い、どこに利益が落ち、両者ともどこにメリットがあるかを提案し合う。

**戦略的交渉をする際には、
３種類の交渉パターンを意識しよう。**

③の場合には、まだ見えないＷｉｎ＝Ｗｉｎゴールをお互いに了承し合い、どこに利益が落ち、両者ともどこにメリットがあるかを提案し合うことになります。ただここで注意したいのは、相手との着地点を強引に決めてはいけないという点です。

相手が納得していない着地点は、お互いのメリットではありません。むしろこちらが譲って相手に気持ちよく頷いてもらうことが交渉です。強引なゴール設定をすることは交渉ではなく「説得」です。

説得は交渉とは真逆のポジションにあるもので、Ｗｉｎ＝ＷｉｎではなくＷｉｎ＝Ｌｏｓｅ、つまり相手を負かすことです。もしこのような手段で目標が設定されたとしたら、いずれどこかで歪みが生まれ、禍根を残すことになりかねません。

後々のことを考えるとマイナスしかないので、価値創造型交渉を行う際には、十分に注意していただきたいです。

Point!

交渉タイプは分配型、利益交換型、価値創造型の３つ。大切なのは強引さではなくお互いのメリットを見つけること。

Strategic Negotiations

8 交渉は「4つのフェーズ」で進む

日々交渉事に関わっている方々ならすでに常識となっていることですが、ここで一旦整理しておきましょう。

交渉は相手があることは前提ですが、目的をどこに定め、どのように攻めていくかという戦略が必要です。ただの立ち話の状態でビジネスにおける交渉が成立することはありません。きちんとお互いの条件を出し合い、契約するところまでが交渉です。

この**交渉の始まりから終了時までのステップは、一般的に大きく次の4つに分けることができます。**

①オープニングフェーズ
②テストフェーズ
③ムーブフェーズ
④アグリーフェーズ

①の**オープニングフェーズ**は、まず相手との信頼関係を築く段階です。

通常の営業の場合は、事前に相手の会社のバックボーンや業務内容、狙い、財務状況など、得られる情報を全てインプットしておいてから、売りたい物をどのように提供するかの戦略を練っているはずです。

しかし、実際に会って話し合い、交渉しようと思わせることができなければ何も始まりません。それが、このフェーズです。今後の展開がうまく進むような信用と安心感を獲得する段階です。

そして次の段階が②の**テストフェーズ**。あらかじめ情報収集をし、戦略を練ってはいますが、それが本当に正しい情報であり、なおかつ相手の要望に応えられるような情報を提供できるかどうかは、実際に話してみなければわかりません。事前の情報やニーズの確認、内容や提示条件の確認と許諾。そして大切なのは、相手側の誰が最終決定権を持つのかをきちんと確認しておくことです。話が進んでも最後にひっくり返されてはたまりません。意外と忘れがちなので注意しましょう。

続いて③の**ムーブフェーズ**に進みます。これは、本来の交渉のメインの部分と言ってもいいでしょう。相手側の希望する条件の提示とそのすり合わせです。ここでなるべく全ての条件をきち

4段階の交渉フェーズ

Opening phase ① オープニングフェーズ	相手との信頼関係を築く段階。実際に会って話し合うフェーズ。今後の展開がうまく進むような信用と安心感を獲得するために、事前に相手の会社の情報をインプットしておくことが大切。
Test phase ② テストフェーズ	事前の情報やニーズの確認、内容や提示条件の確認と許諾、顧客側の誰が最終決定権を持つのかの確認を行っておく段階。
Move phase ③ ムーブフェーズ	交渉が動き出し、営業側と顧客側の希望する条件の提示とそのすり合わせをする段階。ここで条件をできるだけ洗い出して確認し、落とし所の決定＝ゴール設定を明確にすることが重要。
Agree phase ④ アグリーフェーズ	一般的に「クロージング」と呼ばれる段階。相手の決断を促して最終合意に至ったことをまず言葉で確認し、最終的にはきちんと契約書を作成して印鑑を押し、明文化することです。お互いが笑顔で終われることが最終的な目標。

んと洗い出して確認できるようにしておき、譲歩し合うことになります。落とし所の決定＝ゴール設定を明確にすることです。

最後が④の**アグリーフェーズ**で、一般的に「**クロージング**」と呼ばれる段階です。相手の決断を促して最終合意に至ったことをまず言葉で確認し、最終的にはきちんと契約書を作成して印鑑を押し、明文化することです。

この最後の段階で、「やっぱり……」となって覆されたり、前のことを蒸し返されたりすると交渉のやり直し、もしくは決裂につながります。そうならないように、ムーブフェーズまでで全ての条件をきちんと整えておき禍根を残さないようにします。お互いが笑顔で終われることがアグリーフェーズの最終的な目的です。

Point!

交渉には4つのフェーズがあり、最終的に合意することが目的。段階を踏んで小さな「Yes」を積み上げクロージングする。

Strategic Negotiations

9

交渉を有利にする会話の基本テクニック

性格的に「話が苦手」「初対面の人を目の前にすると緊張して何を話していいかわからなくなる」などという人は多いと思います。しかし、そこはお仕事。ビジネスの現場に飛び込んだのですから、経験を積んで慣れていくしか方法はありません。

ただ、友だちとの会話ではないのですから、きちんとポイントを押さえたビジネス会話のテクニックは必要です。交渉になかなか成果が出ない人のパターンは、

- **「内気」**
- **「弱腰」**
- **「強欲」**
- **「手の内を明かさない」**
- **「感情的」**
- **「目的が不明確（ゴールが決まっていない）」**

・「会話が操作的」

のいずれかにはまっていると考えられます。こうしたパターンに自分が陥っていないかを意識することが大切です。

その上で、チェックしておくべき話し方のポイントは次の４つです。

①わかりやすく簡潔に話す
②曖昧な言葉を使わず明確に話す
③専門用語ばかりを使わない
④感情的にならず抑制した表現にする

ビジネスの会話をするためには、まず何を言っているのかがわからないような話し方では通用しません。あまり長くなると、途中で何の話をしていたのかと方向も見失いがちです。まず、相手にわかりやすく、簡潔かつ的確に要素をまとめた話し方を心掛けましょう。

簡潔な会話をするためには、曖昧な言葉も使ってはいけません。例えば、「おそらく」「たぶん」などのようなものです。また、「可及的速やかに」「〜を鑑みて」などお役所的な堅い言葉、さらに「〜させていただいております」などのような過度の敬語や謙譲語、丁寧に話しているつもりで不要な箇所につけてしまう丁寧語なども、会話の内容を不明瞭にしてしまいます。

専門用語は注意が必要です。例えば同じＩＴ業界においてＩＴに関する専門用語を使うのなら問題はないのですが、異なった業界で技術的な用語は理解してもらえません。また、広告系などに多いのですが、「リスケ」「エビデンス」「バッファ」などのような略語や無駄なカタカナ語は、わからない人も多いので使用しないほうがいいでしょう。特に「業界系流行語」はむしろ印象を悪くさせがちです。

顧客の元へ出向くという交渉で、相手に対して失礼な言葉、感情的な言葉を使っては、悪影響しか及ぼしません。「上の者に聞いてみないとわかりません」などといった自分の責任逃れとなりがちな表現も要注意です。表現の選択や言い換えについては、常日頃から意識しておくべきです。

Point!

会話はわかりやすく簡潔に、曖昧な言葉を使わず明確に。専門用語や流行り言葉は避けて、感情的にならずに抑制しよう。

Strategic Negotiations

10 聞き手としての正しい態度

交渉担当として相手先に向かう場合、多少下から臨む態度になることが多いはずです。その際要望を聞き出すのも仕事のひとつ。すると、どうしても聞き役のポジションになります。

では、**聞き手としてどうあるべきか。一番良いのは、相手が「この担当者は私の話に興味を持っている」と思わせるような態度をとることです。**

つまり、交渉のポイントは、「聞き上手になる」ということです。

相手との関係性を築く上で成り立つ交渉では、こちらからの主張ばかりを訴えていては良い形にはなりません。そうかと言って、ただ聞いていればいいわけでもありません。それは「聞き上手」という概念を間違えてとらえているのです。

聞いて「うんうん」というだけが聞き上手ではなく、会話の中から相手の気持ちや要望を引き出してこそ聞き上手であると言えます。

例えば、

「そのことに関して興味がわきましたので、もっと聞かせてください」（範囲を広げる会話）

「素晴らしいですね、なぜそれを始めようと思ったのですか？」（内容を掘り下げる会話）

といった、相手自身の口から、理由や詳細を引き出すことが求められます。

そんな時には、相手の話について、あるポイントを見計らってちょっと**前のめりの姿勢**になる。すると「この話には興味があるのかな」と相手は感じます。また**「その話をもう少し詳しく聞かせてください」**などといった言葉で、相手の「話したい気持ち」をくすぐると、相手は気分が良くなって、より饒舌《じょうぜつ》になっていくはずです。

そして、目を輝かせながら**「はい」「なるほど」「そうですね」**などと、うまいタイミングで相づちを入れると、相手の話のテンションは上がっていきます。

一方、相手が何かを話し出した時に、**「あ、その話知っています」**と、相手の会話を遮って自分で話を始めてしまう。そんな人、たまにいますよね。これは、自分が気持ちいいだけで、話したいと思っている相手の盛り上がった気分に水を差すことになります。会話の途中に携帯が鳴るといったことでも、中断されてあまりいい気はしないはずです。

まして**「それって、こういうことですよね」**と、聞き終わらないうちから勝手にこちらが要約してしまうと、もう相手の話そうという気持ちは折れてしまっています。ごく基本ですが、相手の話を遮らない。これも大切なことです。

相手の話を否定する所から入るのも厳禁です。**「それはちょっと」「しかし、そうはうまく行かないと思いますよ」**など、まだ試しても、行動してもいないうちから否定されると、相手にとって、とてつもないマイナスのダメージとなります。求められてもいないのに否定されると、開きかけていた心はほぼシャットダウンされてしまいます。その「うっかり」が命取りになることもありますから、注意してください。

さらに細かいことを言えば、残念な口癖を持っている人がいます。よくあるのが、言葉の最初に「いや」などとつけてしまう人。**「いや、そうなんですよ」「いやぁ、先日お会いした時に」**など、本人は相手の言葉を否定するのではなく、無意識に「いや」と前置きをつけて会話のリズムを作っていることがあります。

自分流の一番話しやすい話し方なのかもしれませんが、相手からすれば、「いや」という言葉を聞いた段階で、直後に肯定の言葉が続いたとしても気持ちは少々引いてしまいます。「いや」のほか、**「しかし」「でも」「やっぱり」**なども同類の言葉です。

聞き手として“やってはいけない”こと

✕ 相手の話を遮る

あ、その話知ってます！

相手の話の腰を折ってしまい、話す気を失います。

✕ 最初から否定する

それは、
ないんじゃないですかね～

相手が求めていない「否定」は、耳も心も閉じてしまいます。

✕ 否定するように聞こえる

いや、そうなんですよ～

何気ない冒頭の「いや」という言葉が、実は相手に悪い印象を与えています。

✕ 早口で焦ってしゃべる

ペラペラペラペラ……

自分は良くても、相手が会話についてきていないことがありえます。

間違いがないのは、**「そうですね」**。全部「そうですね」から入れば、相手を肯定したことになるので、話の流れを乱すことはありません。

また返答に困った時はとっさに**相手の言葉の語尾を取って、オウム返し**にする方法もあります。すると、それだけで「こちらはきちんと話を聞いていますよ」という意思表示につながります。

つい早口になりがちな人も注意です。自分では頭の中でストーリーが整理されているにもかかわらず、相手には「よくわからない」と言われると、つい「何でわからないの？」と思ってしまうでしょう。

しかし、相手にはこちらの頭の中が見えていないのですから、ちょっとでも理解できない部分があってつまずいてしまうと、もうその続きはあっという間に通り過ぎていき、追いつけません。

早口と言われたことがなくても、意識的に通常の話し方よりもゆっくりと話したほうが、相手に理解してもらいやすくなります。特に電話の場合は、話すスピードについてはより意識したほうがいいでしょう。

会話のテクニックとしては些細なことかもしれませんが、どこに落とし穴があるかわかりません。落ち着いて話すことが、まず一番大切なことです。

「本当の話し上手は聞き上手」という言葉があるくらいで、聞く力のほうが、話し方を学ぶより

よほど重要です。上手に聞くことで、相手を饒舌にして、満足行く形で話しきって頂いたあと、「で、どんな用件だったたっけ？」となり、自分の希望を通しやすくなる傾向があります。自分の交渉を成功に導くために聞き上手になるということ意識しましょう。

Point!

相手の話を遮ったり、勝手にまとめてしまわない。「いや」といった無意識の口癖も要注意。

Strategic Negotiations

11 自分を有利にする「交渉場所」の選び方

交渉に場所の有利不利はあるのか。それは当然あります。何よりも、自分のホームが一番有利であることは、すぐに思い当たることでしょう。**ビジネスの交渉であれば、何より自分の会社の応接室や会議室に招くのが最も有利です。**

次は、会社や自分がよく使う喫茶店、ホテル、レストランなど。ほぼイーブンなのはお互いが初めての喫茶店やレストランなど。やや不利になるのは相手が馴染みの喫茶店やレストランなどです。

そして**最も不利となる場所は、相手の会社に出向くことです。**有利な場所の裏返しですね。相手の懐へ入ってしまうと、こちらとしては状況を自分に有利なようにアレンジすることができなくなります。だから相手側に飛び込んだ場合は、完全に不利な状態からのスタートとなります。

例えばレストランなどを指定した場合、自分が普段使っているレストランだったらもちろん、

交渉場所のステイタス

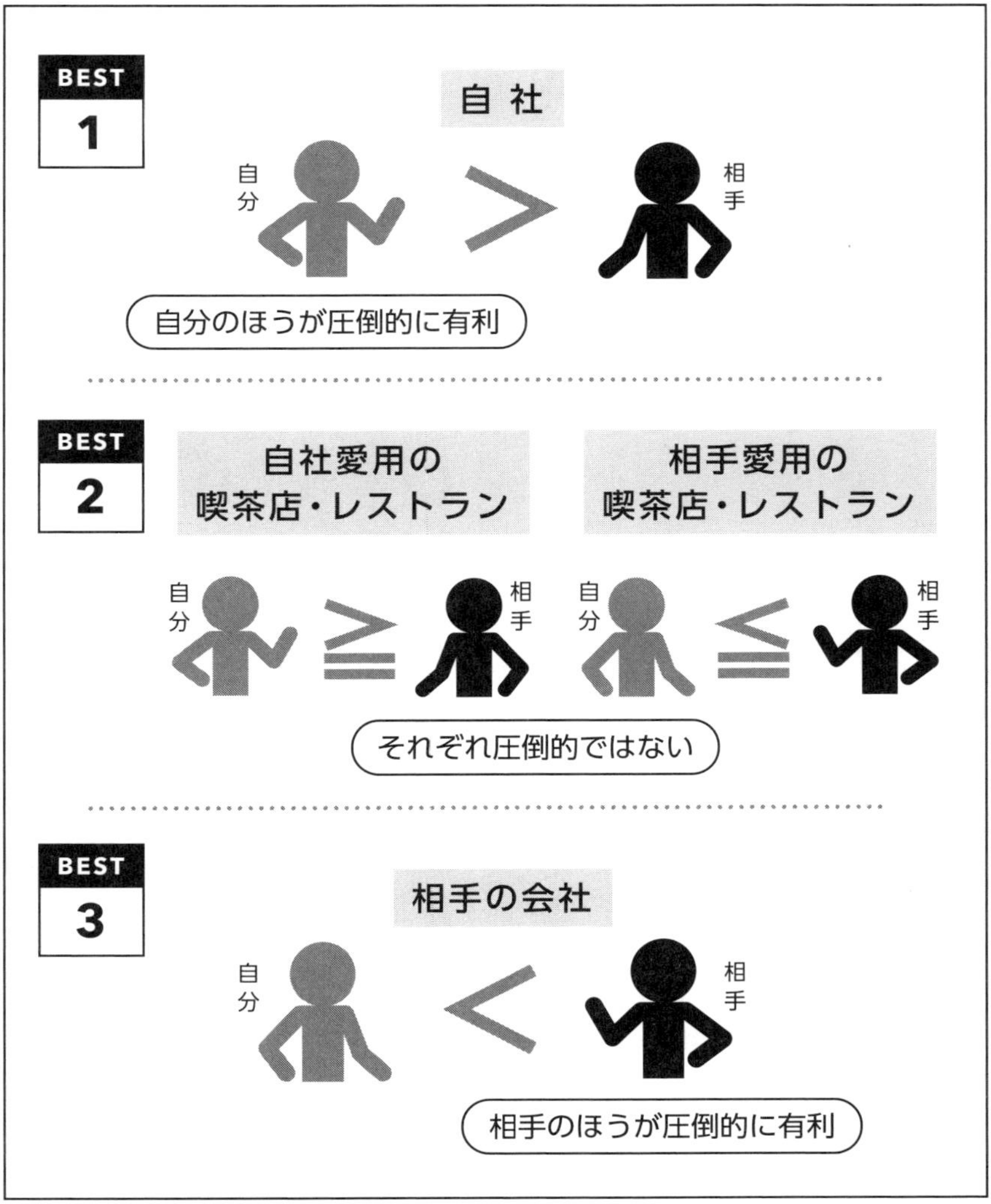
BEST
1
自社
自分
相手
自分のほうが圧倒的に有利
BEST
2
自社愛用の
喫茶店・レストラン
相手愛用の
喫茶店・レストラン
自分
相手
自分
相手
それぞれ圧倒的ではない
BEST
3
相手の会社
自分
相手
相手のほうが圧倒的に有利

前述のイーブンと言われる初めてのレストランなどでも、こちら側がお金を全部払ってしまえば、それだけでイーブンから有利なステイタスに持ち込めます。

これは後に説明する「ドア・イン・ザ・フェイス」にもつながるのですが、**日本人には「返報性」という性分があります。**お中元やお歳暮、年賀状などでもおわかりのように、一度もらうとそのお返しをしなければならない、恩返しのようなものです。

スーパーの試食も、食べさせてもらったらお返しとして何となく買わなければならないような気持ちになってしまうのを突いた販売方法です。交渉時にレストランで代金を払うということは、相手に対して恩を売ることであり、「その代わりによろしく」という展開を期待してのことです。

歴史に名を残した有名人は、織田信長や徳川家康のクラスから、著名な実業家まで、たいていはこの「恩を売った状態」を作り出してきました。人によっては無意識に行っている場合もありますが、多くは**戦略のひとつとして実行しています。**これが恩や義務感、または信頼度など、様々な方向で交渉相手に影響を及ぼします。

これも突き詰めれば、「みんながやっているから」という「This is 日本人」の心理に行き着きます。相手を食事に誘って交渉する場合、そこではこちらがお金を払うもの、という発想は、バレンタインデーのチョコレートなどを思い浮かべればご理解いただけるでしょう。

ハーバード流の交渉術が、海外では大ヒットしたのに日本ではあまりピンと来なかったのとは逆に、こうした日本人心理は、実際のところ、欧米ではなかなか通用しにくい理論です。**海外との交渉では、こうした文化の違いも十分に意識する必要があります。**

Point!

交渉で最も有利な場所は自分のホームグラウンド。中立地帯でもより有利にする方法がある。

Strategic Negotiations

12 事例❶ 囚人のジレンマ

戦略を展開する「交渉学」のひとつとして、よく語られるのが「ゲーム理論」であり、その中でも特に有名なのは「囚人のジレンマ」でしょう。

ゲーム理論とは、そもそも何らかの選択を迫られた場合に、自分と相手にとって最適な行動を決めるための考え方です。

できれば自分がなるべく有利な状況に持ち込みたいのは、誰もが思うことです。とはいえ、自分の有利な面ばかりを考えるということは、パイの奪い合いのように相手を不利に追い込むことであり、交渉そのものが不成立の場合も十分あり得ます。その上で、ゲーム理論を身につけておくことは戦略ための大切な思考法なのです。

それでは、「囚人のジレンマ」を説明しましょう。

これはジョン・フォン・ノイマンという米国の数学者が考えた理論です。

囚人のジレンマとは

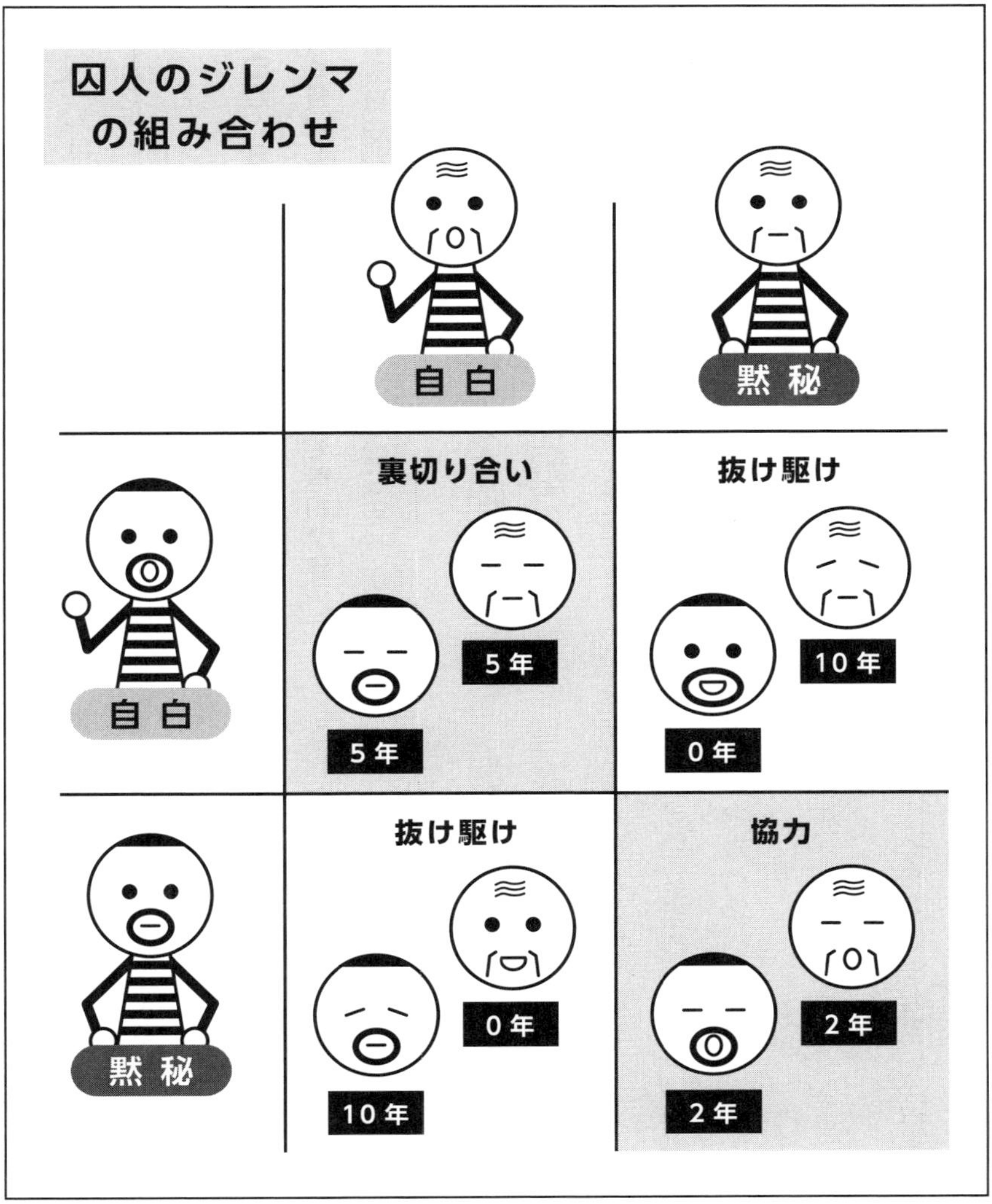
囚人のジレンマ
の組み合わせ
自白
黙秘
自白
裏切り合い
5年
5年
抜け駆け
10年
0年
黙秘
抜け駆け
0年
10年
協力
2年
2年

状況は、ある犯罪で捕まった2人の容疑者AとBが、お互いにコミュニケーションの取れない状況で取り調べを受けているというものです。自白するか、自白しないか。それによって刑罰の重さが違います。

- **Aが自白し、Bが自白しない場合、自白したAは無罪、自白しなかったBは懲役10年。**
- **AもBも自白しない場合は、両方とも懲役2年。**
- **2人とも自白した場合は、ともに懲役5年。**

両者にとって一番メリットがあるのは、自分だけが自白し、もう1人が自白しない状況です。ただし、相手も自白した場合は必ず有罪になります。

ただお互いが自白しない場合は、有罪にはなりますが、懲役は最も短い2年です。

お互いが自分の利益を求めて自白したとしたら、「自白しない」という選択よりも長い懲役5年。さて、お互いの意思と回答の確認ができない中でどれを取るべきなのか、というのが「囚人のジレンマ」のポイントです。

無罪になるという自分の利益だけをAもBも選択してしまったら、その結果、お互いが協力した時よりも悪い状況を招いてしまうのです。そこが「ジレンマ」ということです。

この理論に正解はありません。どのような選択がなされるか。それは、自分のことだけを考えるのか、相手のことも慮《おもんぱか》るのか。その場合はどこまで慮ってあげればいいのか。これが、交渉の「落とし所」を探ることにつながります。

Point!

ゲーム理論は自分と相手にとって最適な行動を決める考え方。囚人のジレンマでは、自分の利益だけを選択したら悪い状況に。

Strategic Negotiations

第1章

戦略的交渉で勝つには「交渉相手」を見きわめる！

Strategic Negotiations

1 交渉相手の調査方法

就職活動で、受ける会社のことを徹底的に調べ、自分についてトコトン自己分析をして臨むのは、当たり前の行為です。交渉もこれと同じです。

こんな時によく取り上げられる「彼を知り己を知れば百戦殆うからず」という「孫子」の一節があります。スポーツやビジネスにおける**戦略を立てる上で、相手の状況と自分の実力を正しく知ることができれば、絶対に負けない戦いができるという意味です。**

印刷媒体や口伝《づ》ての情報なども役に立ちますが、現代はインターネットという便利な道具があります。どこかの会社とのビジネスの交渉ならば、その会社の事業内容はもちろん、取引先や関連グループ、売り上げや財務状況など、ホームページの事業内容やIR情報などのページから、いくらでも調べることができます。

また交渉相手が社長や役員ならば検索すれば簡単に経歴は調べることができますし、部課長、係長クラスから営業の担当者まで、名前がわかるのであれば、色々と手を尽くすことで入社年度、会社のポジションなどを調べることが可能です。

昨今は、ネットにおいてもウェブだけではなく、さらに便利なＳＮＳがあります。フェイスブックやツイッター、インスタグラム、名刺検索アプリなどは、個人名やメールアドレス、個人のハンドル名などから、その人自身の情報、つまりプライベートの素顔までをある程度調べることが可能となりました。

特に利用すべきはフェイスブックです。これは基本的に個人が本名で登録しています。非公開にしている方々もいると思いますが、わりと公開されている方が多く、学歴や経歴などが書かれていることもあります。

またその人と友だちになっている人たちが何人いて、それはどんな人たちか、その人が普段はどんな発言をしているか、どんなグループやコミュニティーに入っているかなどから、その人の趣味や性格、人脈などが手に取るようにわかります。

私のように個人で起業している場合、フェイスブックは自分と同時に会社の顔にもなりますから、履歴などがこれでもかというほど、徹底的にまとめ上げています。もしその情報を知ると、「この人は何かすごそうだ」とか「この会社は信用できそうだ」といった印象を相手に与えることができるのです。

私の営業用の名刺は目立ち、情報量も多いのですが、それと同じぐらいにフェイスブックを役立てているつもりです。私の交渉はここから始まっているようなものだとも言えるでしょう。

私には肩書もたくさんありますが、それは肩書の持つ情報が信頼度を高めてくれるからです。言い換えれば、これまでの人生は「肩書を鍛える努力」を続けてきたということになります。こうした名刺とパーソナリティーが透けて見える詳細なプロフィール作りで、仕事のリピート率も上げてきました。有効な印象操作をすることによって、相手に嫌味のない自己アピールをすることができるのです。

つまり**調査の仕方によっては実際に相手に会う前からどんな人物か、どんなバックボーンを持っているかがわかるのです**。また個人のことが調べられなくても、会った際に名刺を見れば、会社でのポジションや決定権のありなしが何となく推測できます。

さらに実際に話すことによって、どのような交渉の仕方をしてくるのか、頑固か融通が利く人物か、まじめそうか裏がありそうかなども知ることが可能です。

第一印象の項目（194ページ参照）でも後ほど説明しますが、見た目も重要であり、例えば年齢が若そうなのにそれなりのポジションが肩書にあれば、「結構やり手な人物かも」と推測することができます。同行者がいれば、その2人のやり取りや態度、口調からも、目の前で今話している人物の会社での立場が推測できます。

まず**最低限知っておくべきは、相手の会社について、相手の交渉方法について、相手の人物像についての３つです。**ここから、交渉すべきかどうかのメリットを見きわめられるでしょう。これが交渉のスタート時点での準備です。

Point!

まずは最初に相手を知ること。ＳＮＳ、特にフェイスブックは相手自身の性格や人脈を知る上で便利なツール。

Strategic Negotiations

2 交渉相手の「交渉スタイル」を知る

交渉する時はまず、相手の交渉スタイルを見抜くことから始めましょう。

人によって、交渉の仕方はまちまちです。会社の伝統や風土、本人の会社におけるポジション。その交渉相手が会社ではなく自営業やお役所の場合もあるでしょう。こうした部分は事前の調査である程度調べることができますが、やはり会わないかぎりわからないのが相手の人物像です。ＳＮＳで調べられるとは言っても限界があります。直接会うのが一番です。

その際にポイントとなるのは、外向的か内向的か、文系か理系か、趣味が多いか少ないか、行動的か否か、物事に対して細かいか大雑把か。およそこういった性格の組み合わせが、その人物像となり、交渉にも反映されます。

一般的に交渉相手のタイプは６つに分類できると言われています。

では、順番にその特徴を見ていきましょう。

①分析型……物事を論理的に考えるタイプで、経理や財務、銀行員、税理士などの数字に強い人の多くが該当します。

②審美型……視覚や聴覚などに敏感で、デザイナーやアーチスト、建築家などに見られる傾向です。

③直感型……物事の判断力が速く、決定も即決という人で、弁護士や医師、会社のトップなどにこのタイプが多く見られます。

④細密型……ルールや細かい部分にこだわるタイプで、事務系や公務員、税理士や会計士などに見られる傾向です。

⑤八方美人型……顔の広い人で、八方美人というと悪いイメージに取られがちですが、その一方で色々と気が利き配慮のできる人でもあります。営業関係や総務、自営業などに多いタイプです。

⑥優柔不断型……決定や判断を渋り、誰かの後ろ盾や確認がないと物事を決められない、あまり交渉はしたくないタイプです。これは、どの業界や職種にも必ずいます。

こうした傾向は、現場を数多くこなしてきた人なら、数分話すとある程度見えて来ます。それによって先の展開を予測し、会話の仕方や話の持って行き方を自由に操作できるようになると、プロの交渉人のでき上がりです。こうすればこうと一言で言い切れないので、場数を踏んで経験

交渉の場で出会う６つのタイプ

① 分析型	物事を論理的に考えるタイプで、経理や財務、銀行員、税理士などの数字に強い人が多い。
② 審美型	視覚や聴覚などに敏感で、デザイナーやアーチスト、建築家などに見られる。
③ 直感型	物事の判断力が速く、決定も即決という人で、弁護士や医師、会社のトップなどにこのタイプが多い。
④ 細密型	ルールや細かい部分にこだわるタイプで、事務系や公務員、税理士や会計士などに見られる。
⑤ 八方美人型	顔の広い人で、いろいろと気が利き配慮のできる人。営業関係や総務、自営業などに多い。
⑥ 優柔不断型	業界や職種に関係なく存在。決定や判断を渋り、誰かの後ろ盾や確認がないと物事を決められず、交渉はしたくないタイプ。

交渉の場面で人の交渉スタイルは様々です。相手がどのようなタイプかと予め判断することで、そこに応じた作戦を練ることができます。

から学ぶしか具体的な方法はありません。

ただ、私がこれまで経験したことを振り返ると、「人間の型番（タイプ）」というものがあるのではないか、という気はしています。

「型番」というと、人権侵害のような表現で語弊があるかもしれませんが、初対面なのに「あれ、前にこんな人に会ったことがあるな」とか「友たちにこういうヤツいるよな」と感じたことはありませんか。そういうケースにぶつかった時、その自分が知っている人と話している感覚で接すると、意外と同じような特徴があり、交渉がスムーズに展開したということがありませんか。

同様に、この人は「自分に似ている」と感じたり、顔つきが知り合いや有名人などに似ていて、実際にその人と同じような雰囲気や性格を持ち合わせていたこともあるでしょう。

もちろんこの「カテゴライズ」は無数にあるのですが、これも場数を踏んで多くの人に会ってきたからこその対応方法です。やはり何事も経験なのです。

Point!

人のタイプは大きく6つに分類できる。知っている人に似ていれば、同じタイプかもしれない。

Strategic Negotiations

3 相手の「交渉スタイル別の対処法」

米国の実業家ロバート・キヨサキ氏の有名な著書『金持ち父さん貧乏父さん』の中に、「キャッシュフロー・クワドラント」という言葉が出てきます。これはお金の流れを4つの区分に分ける考え方で、その4つの区分は

①従業員
②自営業者
③ビジネスオーナー
④投資家

とされています。

こうした考え方は、交渉にも応用できるものです。例えば物を売る場合、相手が従業員タイプなら庶民的なので「無料」という言葉に弱いとか、自営業者なら小規模の利益や手の届きそうな

新規事業、ビジネスオーナーなら億単位の多大な利益と大事業、投資家ならば「新興企業」や「成長」などといった言葉でしょうか。一概には言えませんが、人のタイプによって引っかかりとなるキーワードや交渉方法の傾向がある程度あるのは事実です。

では、前項の６タイプの人物それぞれへの対処方法を見ていきましょう。

まず**分析型**の人は、細かく論理的思考に長けているので、数値やグラフなどのデータを重視しがちです。また医師や法律家、官公庁の報告など、専門家の意見に耳を傾けることが多いので、「エビデンス」の高い話題を盛り込んでいくといいでしょう。

審美型の人には、まずだらしない格好で会ってはいけません。パリッとしたスーツにきちんと合ったネクタイ、靴もきれいに磨いて臨むべきです。見た目がより強く影響を与えます。プレゼンなどをする場合には、見やすく美しい資料作りや斬新なパンフレット、センスの良い名刺など、こちらも見た目が大事。物を売る時もデザインや品質が大切です。

直感型ならば、第一印象はもちろんのこと、こちらの態度や仕草などが注目されていると考えて間違いありません。交渉についても、大切なポイントをより引き立たせて伝え、ここは些末なことですと明確にすれば、話が速やかに進むことがよくあります。

細密型は、逆にこと細かに全てに目を行き届かせて念入りに資料を準備し、どんな細かい指摘や質問にも応えられるぐらいの準備をしておく必要があります。また特に公務員に多いのですが、前例にこだわる傾向にあるので、交渉においても何かヒントになるような前例があれば目を通しておき、あらかじめ対処方法を考えておいたほうでいいでしょう。

八方美人型は、ちょっと厄介かもしれません。何か提案した場合に一度持ち帰って身内であれこれと相談することが多いのです。またその相談相手がどんなタイプなのかによっても返答が変わってくるので、課長レベルではOKだったことがその上に行った段階で覆されることもしばしば。きちんとわかりやすい資料を用意し、メリット・デメリットも明確にした上で、相手の出方を待つ辛抱強さが必要です。決定権がある人物に同席してもらうというのも方法のひとつです。

さて、一番問題な**優柔不断型**タイプですが、これはもうこちらがイライラせずに辛抱強く交渉を続けるしかないと思います。相手を迷わすような過剰な資料の提出も、余計に判断を遅らせることになるので避けるべきです。また、決定権を持つ相手が優柔不断型だったら、その場で頷かせることができるように結論を提示して、そちらに誘導していくような戦略を立て、会話テク

交渉スタイル別の適切な交渉方法

分析型に対して	細かく論理的思考に長けているので、数値やグラフなどのデータを重視しがち。また医師や法律家、官公庁の報告など、専門家の意見に耳を傾けることが多いので、「エビデンス」の高い話題を盛り込むと良い。
審美型に対して	会う時にはパリッとしたスーツにきちんと合ったネクタイ、靴もきれいに磨いて身だしなみや格好をきちんと。見た目が重要。見やすく美しいデザインの資料やパンフレット、センスの良い名刺などもポイント。商品はデザインや品質が重要。
直感型に対して	第一印象はもちろんのこと、こちらの態度や仕草などが必ず見られている。交渉についても、大切なポイントをより引き立たせて伝え、細部については「ここが細部だ」と明確にわかるようにすれば、話が速やかに進みやすい。
細密型に対して	念入りに資料を準備し、どんな細かい指摘や質問にも応えられるぐらいの準備をしておく必要がある。特に公務員などは前例にこだわる傾向にあるので、交渉においても前例があれば目を通しておき、対処方法を考えておくべき。
八方美人型に対して	提案を一度持ち帰って相談しがちで、途中まではＯＫだったことがその上に行った段階で覆されることも。きちんとわかりやすい資料を用意し、メリット・デメリットも明確にした上で、相手の出方を辛抱強く待つさが必要。
優柔不断型に対して	こちらがイライラせずに辛抱強く交渉を続けるしかない。また相手を迷わすような込み入った提案や資料は判断を遅らせることになるので避けるべき。なるべくその場で頷かせることができるように結論を提示し、誘導していく戦略がベスト。

ニックを磨いておいたほうがいいでしょう。

Point!

6つのタイプにはそれぞれ傾向に合った交渉方法がある。
響く言葉、響く準備、響く態度を見きわめよう。

Strategic Negotiations

4 欲望のタイプから見た「信用できない人」とは

太古の昔から、人間は欲望によって行動してきたことは間違いありません。誰かから金銭などを奪う、土地を奪う、頂点に立って他をひれ伏させる、自分だけは助かりたいと思う。そんな様々な欲望が、今日の人々の心の中に根づいています。神聖な立場にある人にも何らかの欲望はあります。それらを抑え込むことができるから、聖なる人となり得るわけです。

一般的に欲望には、３つのタイプがあるとされます。

①金銭に対する欲望
②認められたいという承認欲
③自己防衛の欲望

第一に**金銭に対する欲望**。言うまでもなく、儲けたい、金持ちになったら何でもできる。遊んで暮らせる。こうしたことを目指して金銭に執着するタイプです。金のためなら人をだまし、陥れることも厭わず。金銭目的の殺人はその最たるものです。金銭の欲望が強い人は、一方でギャンブルなどの賭けごとに興味があったり、誘惑にも弱く物を欲しがったり、物事に異常に執着したりする傾向にあります。

二つ目は、**偉くなりたい、認められたいという承認欲**が挙げられます。自分の自慢話をして喜んでいる人、相手を貶める言動をする人、褒められたり、偉くなったりするためなら何でもする人。こういう人は、自分の承認欲が満たされることを望んで行動しています。だいたい口がうまかったり、へらず口だったり、威張ったり、飽きっぽかったりする点などが共通してあると言えるでしょう。

最後が**自己防衛の欲望**、というよりも本能や保身と言ったほうがいいかもしれません。自己防衛に力を注ぐ人です。誰でも怖いことや危険なことは避けたいと思っていますが、必要以上に攻撃や圧力に弱く、殻に閉じこもってしまったりすることで自分を守りがちです。

おとなしい人が多いのですが、責任逃れに言い訳ばかりを繰り返したり、あちこちにいい顔をしてどこにも敵を作らないように積極的に働きかけたりと、自分から先に行動に出てしまうこともあります。時にはそれが行き過ぎて攻撃的になり、人を恫喝したり、むしろ暴力を振るったりすることによって自分を守ろうとすることもあります。

実際に交渉する場でこのような3タイプの人に出くわした場合、金銭欲の強い人ならメリットやお得感を前面に押し出す方法、承認欲の強い人には「これを持ったらあなたは目立ちますよ」や「今のあなたならこれこそふさわしい」と褒め殺しで攻める方法、自己防衛の強い人なら安全性やトラブルの少なさで安心感を与える方法、などが考えられます。

全ての人がこの3つに分類できるわけではありませんし、聖人君子のようにどれにも該当しないように見える人もいるかもしれません。あくまで傾向があるということです。

これらの欲望が目立つ人は、なかなか他人からは信用されないでしょうし、好かれもしないと思われます。人として行きていくには、これらの欲望をほどほどに抑え、目立たせないままに生きることが重要です。

Point!

人の欲望には大まかに3つのタイプがある。
それぞれの欲望を満たす交渉の仕方を選択すべき。

Strategic Negotiations

5

交渉の場に座る位置で相手の感情を知る

実際の交渉の場面を思い出して、もしくは想像してください。あなた1人で、相手側（2人）と交渉に臨むとしましょう。あなたはどのように相手と対峙《たいじ》していますか。

これは、座る位置の問題です。通常はテーブルやデスクを眼の前にしているはずですが、どのように相手とのポジション取りをするのかによって、イメージや交渉の効果が異なります。

まず相手2人とテーブルを挟んで正面から向き合っている場合。これは「**対決型**」と呼ばれる位置関係です。その名の通り、対決や対立の交渉であることが多く、ハードな交渉現場となりがちです。

ただ、この位置関係がいけないのではなく、そういう場合もあるということです。たまたま面と向かって座ることもあっても対決する必要がなければ、しないに越したことはありません。

それに対し、「**融和（友好）型**」という位置関係があります。これは、テーブルの角を真ん中に、直角三角形の直角部分に座り、対面するポジションです。この形は、間にテーブルという「壁」を置かないため、会話が弾みやすく、ゆったりとリラックスして交渉を進行することができます。

主にソフトな交渉時に適している位置関係です。

また、面と向かっている時に視線を外すと、「目をそらした」と勘ぐられかねませんが、お互いに斜めの位置だと、顔を正面に戻すことで目をそらすことができます。お茶やコーヒーなどを一口飲んで、自然な動きで目をそらし、緊張感をほぐすことも可能になるわけです。

ちなみに寿司屋のカウンターのような横並びは、食事などの席ではあるかもしれませんが、よほど親密な仲でのいわゆる「ぶっちゃけた話」をするぐらいで、会社の交渉の場面ではほぼあり得ません。

融和型のポジションのメリットは他にもあります。間にテーブルを挟まないので、例えば話し方や声のトーン、体の動きなど、言葉では伝わらない非言語領域のメッセージをより身近に感じることができるという点です。対決型でも非言語のメッセージは伝わりますが、融和型のほうがより近くで話しているので、相手の挙動が一層よくわかるのです。

まず表情に関しては、喜怒哀楽はもちろん、口元の引き締め、目の開き方、視線の動き、眉間のシワなどから感情を知ることができます。

体の動きに注目するなら、手の動かし方や足を震わせる「貧乏ゆすり」、顔や頭を撫で回す仕草、テーブルに置かれた指の動きや叩く仕草、ペンを持っているならその動かし方や弄び方などでしょう。

声や口調において注目点すべき点は、声の大きさやトーンの高さに変化がないか、話すスピードは変わっていないか、言いよどみや無言の時間がないか、論点がずれてきていないかといったことは、相手の信頼感や動揺などを察するチェックポイントです。

私がコールセンターのオペレーターをしていた時、上司から「オペレーターは声だけで演ずる演者であれ」という教えを受けました。伝えるツールが声しかないからです。

子どもの頃に、親が電話で話す時の声のトーンが「よそ行き」になる感じを経験したことがないでしょうか。電話に出る時は、無意識に普段の話し方よりもワンランク声のトーンが上がっています。コールセンターでは、それを意識的に行うように言われました。

また、そもそも早口で聞き取れないと友だちから言われていた話し方も、意識してゆっくり話すことで、伝わりやすさが格段に変化しました。「ちゃんと話さないと相手には伝わらない」ということを、初めて学んだのがその時です。**声のトーンを上げると、自分も別人になれたように感じることができるので、講演などでも私は意識的に声のトーンを上げています。**

交渉の場での座る位置

対決型のポジション

テーブルを挟んで正面から向き合うのが「対決型」の位置関係。対立の交渉であることが多く、ハードな交渉現場となりがち。

融和型のポジション

テーブルの角を真ん中に、直角に対面するのが「融和（友好）型」という位置関係。向き合っていないため、親しみのある交渉が可能。主にソフトな交渉時に適している位置関係。

第三者または別の交渉相手がいる場合

第三者を置いた交渉では、第三者に対して自分と本来の交渉相手が手を組んで交渉できれば、本来の交渉相手との間に共犯関係や親近感がわきやすい。

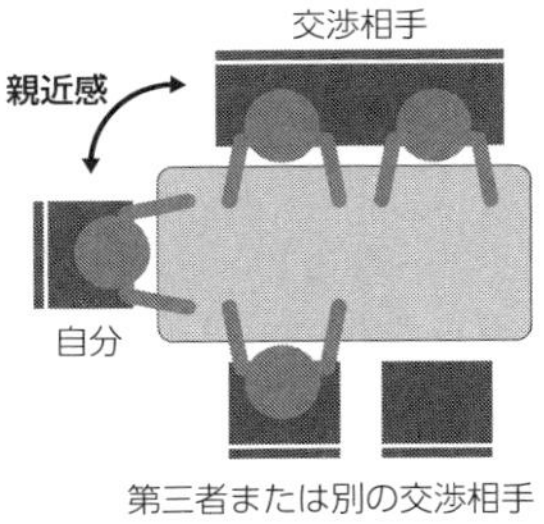

座っている姿勢も重要な非言語コミュニケーションの要素です。交渉の場面で、しかも話を持ちかけているこちら側がソファにふんぞり返ることほど失礼なことはありません。しかし相手側ならふんぞり返ることもあるでしょう。

それまでソファの背にもたれかかっていなかった相手がもたれかかったとしたら、それはあなたの話に満足したか、もしくは興味が全くなくなってしまったか、のどちらかだと考えられます。その判断は、話の内容や返答などで察することができます。

一方、話を持ちかけたり、お伺いをたてたりするこちら側は、相手の話を聞いているという姿勢をきちんと取る必要があります。**相手の話に興味があることを示すために、ちょっと前に乗り出すような動作をする**と、相手に「自分の話に興味を持ってくれたんだな」という安心感を与えます。特に趣味の話などをしている時には、相手は話したくてたまりません。相手の趣味が釣りだった時に、

「最近、釣りをしてみたいと思っているんですよ」

と切り出したら、相手は目を輝かせるはずです。

「あ、そう。実は私も長年海釣りを専門でやっていてね。先日はこんな大きな鯛が釣れたんだよ」

「へえ、そうなんですか。それは、どこで？」

と身を乗り出すと、笑顔で事細かに状況を説明してくれるはずです。うまくいけば、「今度、一緒にどう？」という展開も期待できます。ゴルフや映画、読書など、趣味関連の話題は、相手との距離を詰めるのにとても効果的な話題なので、あらかじめ相手のことを調べておくと、そんな対応も可能となるのです。

この章では主に調査力や観察力を中心に説明してきましたが、これらは全て、一言の「Ｙｅｓ」を取りに行くために求められることなのです。

Point!

より近い「融和型」の位置取りが、ソフトな交渉には最適。相手の感情を察した話題の展開も考えよう。

Strategic Negotiations

6 事例❷ ナッシュ均衡

交渉学の概念の中で「ゲーム理論」というものがあります。これは社会や自然界における複数主体が関わる意思決定の問題や行動の相互依存的状況を数学的なモデルを用いて研究する学問になります。わかりやすく言うと、AとBがゲームをする場合、どちらも勝ちたいのですから、自分に有利な状態になることを目指します。これは、自分の利益が最大になることを目指す「最適反応」と呼ばれる行動です。これは単純な勝ち負けにつながりますが、ゲーム理論においては、両者が最適反応を取った結果、お互いが満足している状態に落ち着くことを目指します。AもBも満足している状態を作り出すため、それぞれが戦略を立てて臨みますが、その戦略が自分にとって一番良い方法であるため、その戦略をなかなか改めようとはしません。この**互いに譲らず、最適反応を目指して相対している状態を「ナッシュ均衡」と言います**。この名称は、米国の数学者ジョン・フォーブス・ナッシュが提唱したことから名付けられました。

ナッシュ均衡の例として「同じ商品を販売している3つの店舗」で解説しましょう。

店舗Aと店舗Bと店舗Cは、元々同じ商品を同じ金額で販売していました。ある日、店舗Aは

ナッシュ均衡とは

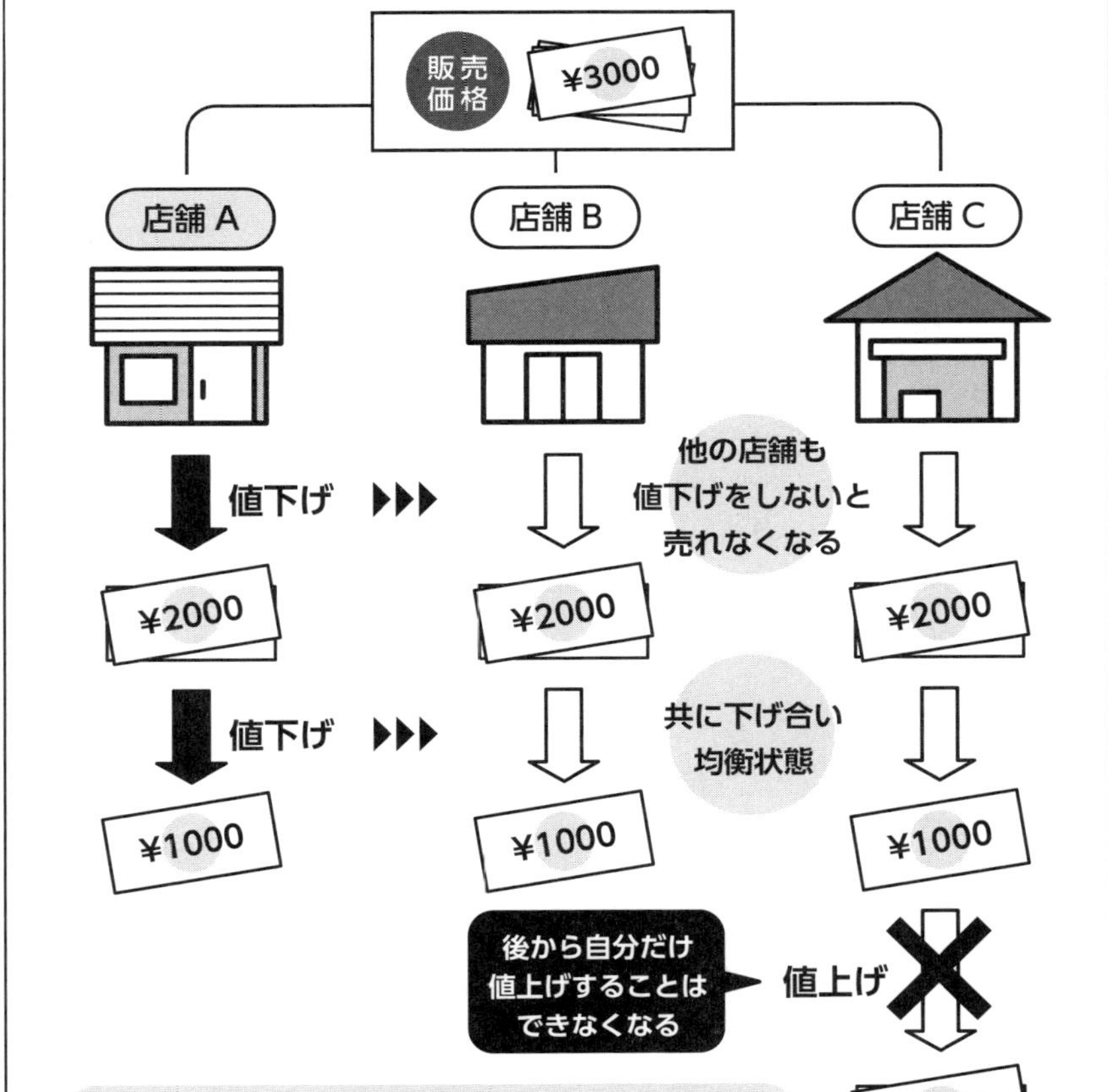

ナッシュ均衡のもとでは、どのプレーヤーも戦略を変更する誘因を持ちません。この均衡定義を理解し、いかにしてこのような状態になることを予防できるか、もしくは相互依存し合うか、を考える必要があります。

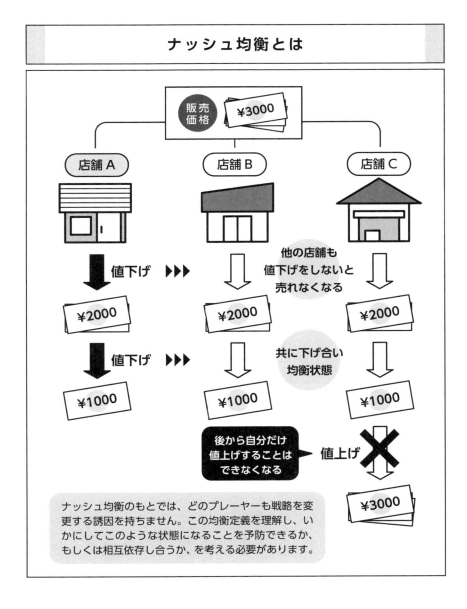

他のお店よりも商品を数多く販売したいと考え、商品の販売金額を値下げしました。これにより店舗Aの販売数は増加しますが、店舗Bと店舗Cの売上は減少します。ゲーム理論は「決められたパイの取り合い」なので、売上が減少した店舗Bは店舗Aに負けじと販売金額の値下げを実施します。これにより店舗Cも値下げせざるを得なくなり店舗Aと店舗Bに合わせた値下げ金額に設定します。

値下げの実施により、またもや3つの店舗の金額が一致してしまいました。売れ行きが前と同じになってしまった店舗Aは、今一度他店舗より売るために更なる値下げを実施します。店舗Bと店舗Cも負けじと店舗Aに合わせて値下げを実施します。

3店舗が値段を下げあって、利益が全く出ない状態になってこれ以上値下げができなくなり、さらに今度は自分の店舗だけが値上げをすることもできなくなってしまう。これが均衡状態の発生になります。**お互いに最適反応を目指して戦略を変えず、釣り合ってそれ以上動かなくなってしまうのが、このナッシュ均衡のポイントです。**

Point!

最適反応とは、自分の利益が最大になることを目指す行動。
ナッシュ均衡はお互いに譲らず最適反応を目指し相対している。

Strategic Negotiations

第2章

戦略的交渉に必要な
相手を「味方」にするための技術

Strategic Negotiations

1 Ｙｅｓを取るための3つの条件

交渉はＹｅｓを取ること。これは最初から繰り返して説明してきました。そのＹｅｓを確実に取るためには、実は４つの条件があります。

①信用の確立
②目標の設定
③感情のマッチング

まず大切なのは「**信用の確立**」です。Ｙｅｓという言葉は承諾です。何はともあれ、信用してもらえなければ承諾を獲得することはできません。信用を得るために交渉が進められていると言っても過言ではないでしょう。

そのためには相手を知り、自分を知ってもらうことです。前章でも述べた通り、相手を調べて自分の共通点を見つけると、コミュニケーションのきっかけとなります。例えば出身地や大学、家族構成、趣味などは話題にしやすいテーマです。

私は若い頃にバイクで日本中を一周したことがあります。旅行が元々好きなので、交渉相手の出身地を聞くと、だいたい行ったことがあったり、土地の観光地や名産の知識があったりするので、出身地からの話題を盛り上げるのは得意です。

よく営業マンは、仕事の会話が終わった後の雑談からが真の営業だと言います。何のためにそんなことをするのか。それは、営業で「いかがですか」と話したことでできた「心の中の高い壁」を乗り越えるためです。

初対面だとどうしても「断ろう」という気持ちのほうが勝ります。それを取り除くために、雑談が必要なのです。**相手が気分良く話せる内容を振ることで、相手の気持ちがぐっとこちら側に引き寄せられます。**前述の例のように、世間話から、「今度釣りに行こう」「ゴルフに行こう」という広がりを期待できます。交渉を成立させることは、このような人間関係の構築から始まるのです。

次に必要なのは「**目標の設定**」です。これは、これまでも説明してきたように、**お互いのWin＝Winとなる着地点を見つけ、そこに向かって交渉のストーリーを組み立てていく**ことです。

3つ目は、相手との「**感情のマッチング**」です。某有名コメディアンが司会していた「仮装」を競う番組がありました。その合格の判定は、下からランプが点灯していき、合格点の辺りで点くか、点かないかというハラハラがあります。感情の高ぶりは、あれと同じものだと私は考えています。

相手と信頼関係ができて、交渉の落とし所も見えた。何となく同意しようとしている。その後一押しが、相手からの嘘ではない本当の気持ちです。**相手の高揚した最後に畳み掛ける一言が、この「合格点」のラインを超えること、つまり交渉のラストワードとなる。**そう考えておくと良いでしょう。

これらの3つの条件が揃って、交渉が初めて成立するのです。

なお、どうも相手と心を開いて会話できない、というケースがあります。そんな時に有効となるかもしれない4番目の条件があります。それは「**共感と笑い**」です。

関係が馴染んでいない間柄では、自分に対する相手の心の壁は高いものです。そんな壁がある状態で、満足のいく交渉は実現しません。**共感と笑いは、上手に使いこなせばこうした壁を打ち破ることができるのです。**

その時に心がけるのは実に簡単なこと。まずは相手の全てを褒めます。褒める時には、決して嫌味なく、わざとらしくならないように。そうすることで、自然と相手の気持ちがほぐれていきます。

ただし、両刃の剣ともなりかねない危険性はあります。もし笑いを取れず、それ自体が嫌な会話となってしまったら、人はおのずと耳を閉じます。聞いてくれてはいません。聞かれていないやり取りはただ時間を無駄にするだけです。

少し上級のテクニックになりますが、ジョークを交えて、笑いを取れたら、相手の心の壁がとても低くなります。

Point!

相手のことを知る。目標となる落とし所を設定する。感情を読み、後一押しを試みる。そして共感と笑いも試す。

Strategic Negotiations

2 勝ち負けの考え方から一度離れてみる

前述の「Ｙｅｓを取るための条件」に関して、３つの条件とプラス１の共感と笑いを挙げました。

しかし本当は、もう１つあると言われることがよくあります。それが「**説得**」です。

相手を説得することが望まれると解説されているマニュアル本が多数あるのですが、私が思うところの「説得」とは、相手にマイナスを背負わせることです。パイの分配で、少しでも自分のほうを多くしようとする時の交渉が説得であり、すなわち相手に取り分が少ないことを飲ませるわけです。いい気持ちはしないでしょう。

説得は、勝ち負けが出ます。相手を負かすことで喜ぶ人もいないではありませんが、それは人としてどうかと思うのです。こうした理由から、交渉の一専門家としては「説得」という言葉を素直には受け入れられません。人にマイナスを背負わせるなら、こちらも背負うべきです。

むしろ**要求されるのは、相手に交渉の中身を「理解」してもらうことです。そしてＷｉｎ＝Ｗ**

inを目指すのです。だから、説得ではなく「相手に理解してもらう力」と表現したいと思います。

相手に理解してもらうには、効果的な数字や根拠などのエビデンスが必要です。それにより、こちら側の内容の信頼度が数ランク上がります。後でも述べますが、日本人の特徴として「同調圧力」があります。「みんなもやっています」という言葉は、良くも悪くも日本人の心理をくすぐる言葉です。

もし、結果的に相手にマイナスな部分が出てしまったとしたら、それは「事象はこうなってしまったけれどあなたは悪くなかった」と伝え、自分対相手の勝負という面からお互いの目をそらして、その対象物を「第三者」的に扱い、それについての話題とすることが大切です。

「ハーバード流交渉術」（35ページ参照）の項目で説明したように、日本人には喧嘩両成敗、つまり妥協型のＷｉｎ＝Ｗｉｎを目指す習慣が根ざしていますから、**あえてテクニックを駆使しようとしなくても、結果的に勝ち負けから離れて物事を見た状態になっているはずです。**

Point!

Ｙｅｓを取るための交渉は「説得」ではない。
相手にマイナスの気持ちを与えない。

Strategic Negotiations

3 「仮に話法」で展開をコントロールする

これは、**その名の通り「仮に〜したら」という仮定法です。** その結果、相手にとってメリットになることを伝えてイメージしてもらうのですが、ここで良いことだけを話してはいけません。悪い部分を隠すことになるからです。

どんなに些細なことでも、逆にこんなデメリットがある、という旨を伝えておかなければ、交渉の終盤や交渉後に問題が発生した時に責任問題になり、同意した内容が破棄されることになりかねません。

「仮に」の使い方として、「仮にあなただったらどうしますか？」という方法もあります。 これも「仮に話術」のひとつで、相手に色々と考えてもらい、思考の主体を相手に委ねてしまうのです。相手側は、情報が少なければ少ないほどイメージできない状況に陥りますから、疑問点を色々と尋ねて来ることになります。

その質問は、相手側の立場や背景、現状、また個人的にもその人の考え方や思考の回転の速さ、機転の効き具合、性格などをうかがうヒントになります。質問内容によってどう出てくるかを見ると、先の交渉の展開も見えてきます。

日本人には特に自己一貫性の法則があります。これは、自分で一回口にした言葉によって、その後の筋道を勝手に構築してしまうものです。スピリチュアルに言えば「言霊」です。

口にして方向が定まると、そこから外れないように歩んでしまい、後からなかなか自分でひっくり返すことができなくなる習性です。これによって、相手の回答や印象をこちら側が縛っていくことができるのです。

特に会議の場や議事録が残っている場合にこうした自己一貫性が起きると、証拠が残ってしまうので、さらに身動きが取りにくくなります。なるべく「仮に」の質問を畳み掛け、相手に口を開かせて言質《げんち》を取り、展開の可能性をどんどん有利な方向へ絞っていくことが可能です。

ただ、これも諸刃の剣です。相手が「こうするとどうなるのですか？」というタイプの質問に迂闊に答えた「○○になります」という回答が間違っていると、立場が逆転してしまうことがあります。間違った回答＝起こりえない未来です。起こりえない未来のイメージが相手の中で確定してしまうと、今度は後々相手から攻撃されることになるのです。

また相手がどんな意外な質問を投げかけてくるかはわかりません。相手の反応の可能性を幅広く考え、その回答をきちんと用意しておかないと、それによってもこちら側の立場が弱くなってしまいます。ですから、あまりにも予見できないほどの可能性についての質問をされた場合には、こちら側が苦しくなるということも理解しておいたほうがいいでしょう。

Point!

「仮に話法」は相手から情報を引き出す際にも有効。一度口に出した言葉は「言霊」。現実になりがちである。

Strategic Negotiations

4 落とし所を見越した「交渉シナリオ」の作り方

これまで、お互いにＷｉｎ＝Ｗｉｎの状態を作って着地する、のが日本人は得意だと述べてきました。この落とし所を模索するにはどうすればいいのでしょうか。

最も基本的な方法は「５Ｗ１Ｈ」つまり「いつ、どこで、誰が、何を、なぜ、どのように」というポイントを検討することです。

「御社と弊社がこの商品を再来年の夏までに製品化するにあたって、設計とデザインをＺ社に任せ、川崎の工場をメインに可動させ、Ｙ社のルートで運び、小売店に卸す。そのためには販促のＰＲ全般をＸ社に依頼する」などのように、「５Ｗ１Ｈ」を当てはめてイメージを具体化し、両社の協力関係の配分を決めていくという形です。

この交渉の流れの中で、難しい所や疑問点、お互いのメリット・デメリットがあった場合に「ここは負担するからここは譲ってくれ」というようなやり取りで、妥協案を固めていく。この妥協箇所がお互いの落とし所となります。自社が回答に行き詰まっている時に、違う角度から相手が案を出してくれるということもあるでしょう。

松竹梅の法則とは

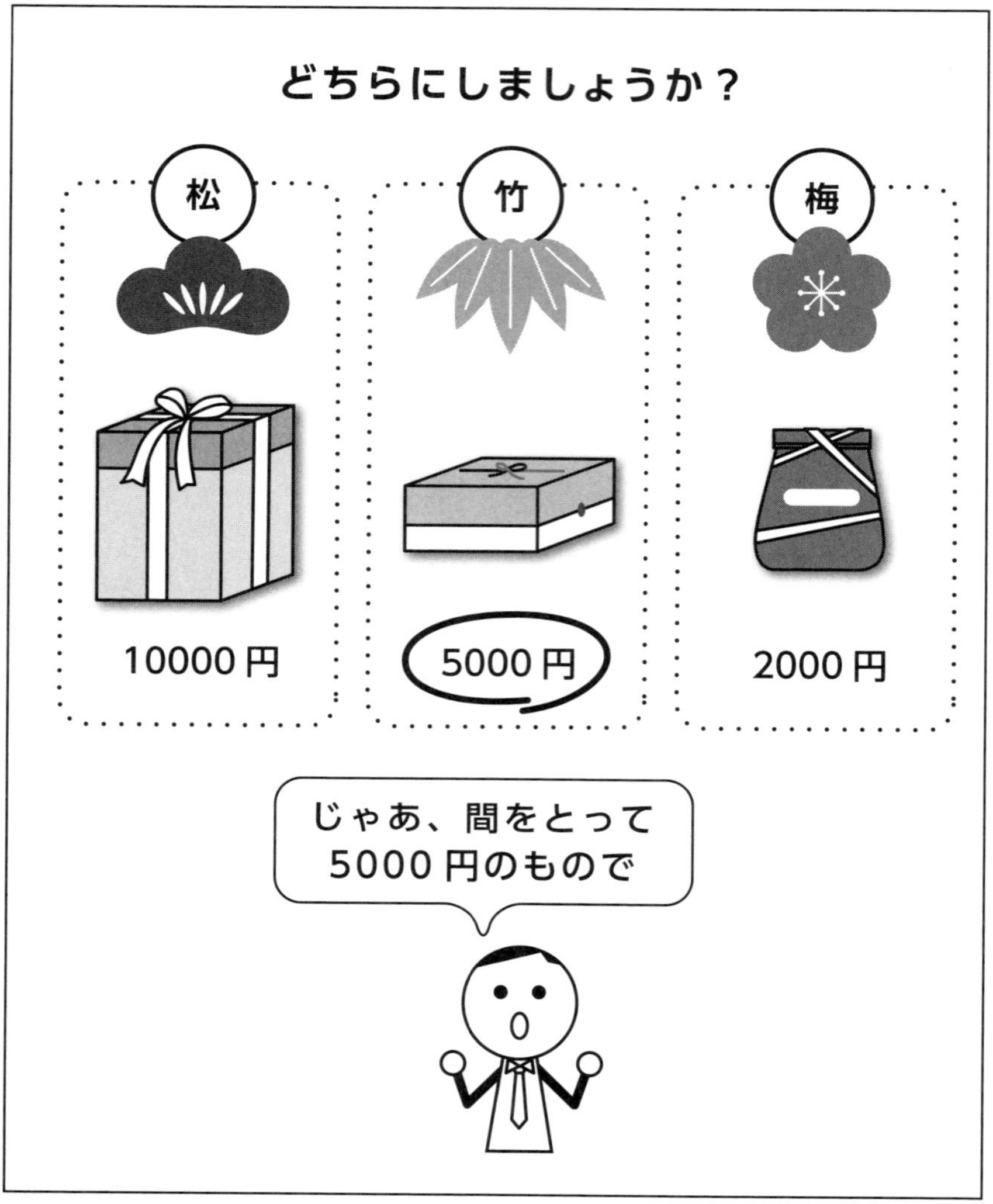

この際に、「仮に予定を早めて来年の冬までに実現するとなると～」という、「仮に」作戦も利用できます。

日本人は、松竹梅の3つがあると、つい間の「竹」を選んでしまう傾向にあります。2000円と1万円の商品があると、その間をとって5000円の商品を選んでしまうということです。

前述の製品化についても、相手が「再来年の夏」を希望しているのに対し、こちらが「来年の夏」の製品化を口にすると、交渉において妥協点を見出し、最終的に「来年の冬」で落ち着きやすいということになります。

「来年の冬」よりも後を言い出しそうだと思った場合、ちょっと早めに「来年の夏」という案を出した時点で、相手は迷い、間を取って「来年の冬」になる。それはこちら側が当初から狙っていた時期です。

このようなテクニックを使えば、本来こちら側が考えていた筋書き通りに交渉シナリオを組み立てることができます。交渉は、心理戦でもあるわけです。

Point!

日本人は「松竹梅」なら竹を選んでしまう国民性。その心理を利用して、狙った落とし所にうまく着地させる。

Strategic Negotiations

5 断り文句をつぶすポジティブ話法

「この商品いいでしょう。いりますか、いりませんか。いるでしょう?」

初対面の人物にいきなり面と向かってこう言われたら、ほぼ100%「いらない」と回答するはずです。たとえ知り合いからでも、「最近こういう商品があって、使ったら娘のアトピーが治ったんですよ」などと友だち関係とは違う接し方をされると、「マルチ商法にハマった?」と警戒するに違いありません。

交渉する前提として、まず人間関係を構築することが絶対条件であることは説明しましたが、だからといって、必ずしも交渉がうまくいくとは限らないわけです。

一方的に押しつけられるような交渉の仕方は、上から目線の物言いとなり、それだけで拒否反応が現れます。また友だち関係であり、本当にいい商品を見つけたことを伝えたくても、その説明の仕方によっては胡散臭さを与えます。

しかし何とか「Yes」をもらいたい。**せめて「No」とは言われたくない。こうした「No」**

をつぶしていく会話の仕方にもテクニックはあります。

では、どうすれば相手に「ノー」と言われないコミュニケーションを展開すべきか。

それは、「仮に～」の話をしたり、「何か困っていませんか」と尋ねて悩みを引き出したり、「こうすればもっと良くなりますよ」というアドバイス的な話の進め方だったりなどの、いくつかのテクニックです。少なくとも、**相手にとってポジティブな印象を与えること。内容だけでなく、こちらの態度も前向きに接することが必要です。**

また視点を相手のニーズではなく業界の話にしてみたり、商品販売でも他の商品を説明したり、交渉の対象を一点に絞らず、広い視点からアプローチしていき、ゆっくりと焦らずにポイントを絞っていくという方法もあります。こうした、**微妙に論点を外した話法や客観的な状況に相手を巻き込んだ話法は、意外と効果があります。**

会話の進め方として、相手の意見に対し「それは違いますよ」と否定されると、相手は気分を害し、その後の話を聞いてくれなくなります。また、「～じゃないですか」「～なんですよ」などという言い方も、妙に決めつけられた感じがあり、押しつけがましいような、一方的に圧のあるやり取りとなりがちです。このような会話を展開しても、交渉事はほぼ成功しないと考えていいでしょう。

基本は「そうですね」「それも考えられますね」といった、相手に同調していく応酬が、相手の心象を悪化させないコツです。

最終的には相手に共感をもらい、自分自身を売っていくような同調型ポジティブ話法を意識的に取り入れていけば、相手は「Ｎｏ」とは言いづらくなります。

Point!

相手にポジティブな印象を与え、「Ｎｏ」とは言わせない「同調型ポジティブ話法」が重要。

Strategic Negotiations

6

危機感をあおってやんわり「脅す」テクニック

人間にはとっさに身を守ろうとする防衛本能があります。これは暴力だけでなく、**言葉でも同じであり、強い言葉や否定の言葉を浴びせられると途端に弱気になってしまいます。心理的にポジティブよりもネガティブのほうが勝るわけです。**

交渉の際も、Ｙｅｓを取りたいのに相手の気持ちがネガティブでは、なかなかＹｅｓを取ることはできません。

また行動を起こさせるための言動でも、ネガティブを選択しがちです。例えば「これをすれば給料がアップする」と「これをしなければ給料はダウンする」では、「ダウンする」のほうに危機感を感じて一生懸命になります。「これをすると家族は一生幸せになる」と「これをやらないと家族を失う」でも人間の心理的に後者のほうが強制力を持ちます。

何かをすることによって得る幸せと、やり逃したことによって起きる不幸せ、の天秤に人の心は揺れ、多くが不幸せを回避する行動に寄っていきます。また、追い詰められて、いわゆる「お尻に火がついた」状態になって、人はようやく必死になるのです。

この心理を利用して、交渉を進めるのが、「やんわり脅す」という方法です。強い言葉で脅しても拒否されるだけですから、「やんわり」が重要です。

ここでも「仮に」論法が登場しますが、具体的には「仮に○○すると××になりますよ」といった応答です。一瞬、親切からのアドバイスのように聞こえますが、実はこれは「ネガティブ」を提示して、優しく脅しているのです。もちろん相手に対して「気づき」を与えるという良心も含まれています。しかし、この時を逃してはうまくいかなくなるのではないか、という危機感をあおっています。

こうしたウリ文句は、例えば薬のCMで使われます。

頭痛になってから頭痛薬を買うこともありますが、「頭痛になったら嫌だ」という気持ちがある時に頭痛薬のCMが流れたら、気になりますよね。

また「胃の調子が悪い、もたれる。それはもしかしたら逆流性食道炎のせいかもしれません」といったCMは、「逆流性食道炎」という医学用語を知らない人にとっては、初めて聞く言葉であり、そのせいで調子が悪いのかもしれないという気づきが植えつけられます。

ヨーグルトのCMでよく聞く「シロタ株・R－1乳酸菌・LG21」といった単語も、今突然現れたのではないのですが、消費者には耳慣れていない言葉のため、「何か新しい効果があるもの」

と認識されます。こうした、初めて聞く物事を利用したマーケティング方法を「**認知マーケティング**」と言います。

特に薬などの場合、その病気自体は世の中からなくなりませんから、予防薬として継続的に売ることが可能です。健康でありたいという気持ちを脅かしているのです。

このように人間の危機感に訴えかけ、「優しく、やんわりと脅す」というテクニックは、使う局面によってはとても効果的な方法です。

Point!

ネガティブな発想をさせて危機感をあおり、そこから脱出する方法を提示してみる。

Strategic Negotiations

7 必ず「代替案」を用意する

交渉を行う際に、こちらがあらかじめ準備しておく重要なものがあります。それが「代替案」です。

そもそも、交渉が必ずしも成功するとは限りません。相手の条件や要望がこちらの想定外の内容だったり、当初の目的がその場で変更されてしまったりすることも度々あります。ただ断られてしまっては、それまでの交渉に費やした時間や人手が全て無駄になってしまいます。

特に、相手からの受注や下請けなどをしている弱い立場にいる場合、相手の強引なやり方や一方的な主張に対して、拒否する力は圧倒的に不足しています。

こうなってしまうと、その後の選択肢が絞られてきます。つまり、この場合は、相手の言うことを泣きながら飲み、こちらのマイナス部分を認めるか、相手の要求を断る、もしくは別の条件を加える、といったものです。

この別の条件を加えることが、代替案となります。

相手側にとって、こちら側がオンリーワンの存在であるのであれば、要求を突っぱねる方法や、こちら側にもメリットがある別の条件を提案して、その代わりに相手からの要求を飲むという手もあります。

相手がどこまで自分たちにとって必要であるかをあらかじめ確認しておき、何かの不利が生じた時には**「こちらから速やかに提案できる代替案」を常に用意しておくと、一見不当に見える交渉も有意に進めることができます。**

これは相手側も同じです。強気で不当な条件を提案したけれども拒否された時に、すぐに別の案を用意して、新規の相手を見つけることができれば強気に条件を押しつけることができますが、相手がオンリーワンだった時、どれだけこちら側が最初から強力な立場だったとしても、拒否されることを想定していなければ、あっという間に立場は逆転し、こちらは不利で弱い立場に立たされます。

つまり**交渉においては、こちら側も相手側もそれぞれ何らかの代替案を事前に検討しておかなければ、たちまち力関係がはっきりし、弱い立場に立たされた側は最大の利益を得る落とし所を譲らなければならなくなる**というわけです。代替案を持っている側のほうが、交渉においては余裕を持って臨めるのです。

ずっと殿様商売をしていても、いつかは足元を救われるケースがあるという点は、認識しておくべきでしょう。

Point!

交渉段階で代替案を持っていない側は途端に立場が逆転する。何が起きるかわからないから、常に複数の代替案を準備する。

Strategic Negotiations

8

相手を味方にする「３つの限定法」

危機感をあおってやんわりと脅す手法以外にも交渉術は色々ありますが、敵になるのではなく、むしろ相手の味方となり、感情に働きかけて動かす代表的な方法を、３つ挙げておきましょう。

①競合法
②期間限定法
③数量限定法

これらは別に目新しいものではありません。言われれば、どれも見覚えのあるテクニックのはずです。それでは順番に説明していきます。

①競合法

これは、ライバルがいることを伝え、あなたが今決めてくれれば、ライバルのほうは私が何とかします、という手法です。

例えば不動産を購入しようと思って見学に行った時、「実は、この不動産に興味を持っているお客様が何組かいらっしゃるんですよ」とささやき、「今、手付金をいただければあなたのものです」と宣言する方法などは典型的です。他にも見に行こうかな、と思っていた気持ちをこの物件に引き留めることができます。

②期間限定法

これも、商売では欠かせない方法です。例えばデパートなどの年末や新春の大売り出し、サマーセール、ゴールデンウィーク限定サービスなどです。スーパーの毎週月曜日の安売りや、毎月1日の映画の割引サービスなどもこの期間限定法のひとつです。

③数量限定法

よく通販番組などにある、「限定１００名様まで」というサービスです。割引やおまけなど、付帯サービスをつけて、「今すぐに買わないと損」という気持ちを煽ります。お祭りの夜店などで「これが最後だよ」と商品を並べて焦らせて買わせておきながら、実は裏ではまだ同じ物がたくさんある、というちょっとした詐欺まがいの売り方も昔はよくあったものですが、これも数量限定法を利用したものです。

3つある限定法の特徴

① 競合法	不動産購入時に、その不動産に興味のある他の客の存在を示すなど、ライバルがいることを伝え、今決めてくれればライバルのほうは断るという手法。競合がいることで相手を焦らせる。
② 期間限定法	デパートなどの大売り出しやサマーセール、スーパーの定期的な安売り、毎月1日の映画の割引サービスなど、ある一定期間だけサービスが提供される限定法。
③ 数量限定法	「1000名様まで」など、先着順や物品の限りを示し、「今すぐに買わないともう手に入らなくなる」という気持ちを煽る限定法。

生活している場面で色々な利用をされていることに気がつきます。例えば、量販店の実演販売やテレビショッピング等で「残り5個です」というような「今だけ」「ここだけ」「あなただけ」という言い回しが多用されています。わかっているのにやっぱり気持ちを揺さぶられてしまうという手法になります。

※注　広告等で誇大になってしまう内容や虚偽になってしまう内容は絶対にダメです。

このいずれも、「今そこにいるあなたのために」という、相手の懐に入っていくセールストークです。この言葉によって、その場にいる「あなた」は、その商品なりサービスなりに縛られてしまいます。そして他への関心や心変わりを抑制し、その物だけに意識を集中させられてしまうのです。

別にだましているわけでも、陥れるわけでも、脅迫しているわけでもありません。**人の心理を突いた「今だけ」「ここだけ」「あなただけ」の謳い文句ですが、実に魅力的です。こうしたトークによって、人は心の揺れをピタッと止められてしまうのです。**

Point!

相手の心を動かすためには限定法を用いるのが効果的。限定法には「競合法」「期間限定法」「数量限定法」の3つがある。

Strategic Negotiations

9 合意に必要なのは「その場」の交渉だけではない

「**根回し**」という言葉はご存知でしょう。説明するまでもないかもしれませんが、前もって関係者らに事情などを説明し、本番の時に同意してもらったりするなどといった事前の準備です。「ずるい」と思う人もいるかもしれませんが、例えば国際会議や五輪の招致から企業内の会議まで、事前の交渉、いわゆる「ロビー活動」は常識となっています。これこそ世界で共通する立派な交渉学なのです。

この場合に、良いか悪いかは別として、多少の見返りや何がしかの優先権、友好関係などが引き換えの条件であることもあります。**特に多数決などで物事が決定する場合には、こうした関係性を作っておくことが必要なのです。これが「大人の交渉」です。**闘争事などが関連する場合には、問題を大きくしないために重要な行為です。

金銭は大きな問題になりそうですが、結局は何らかを媒介として人間関係を作っていくことが、物事をつつがなく進める上では必要です。

具体的な交渉手段としては、キーマンとなる人物と食事に行くなどしてコミュニケーションを密にしておくことや、自分たちだけでは太刀打ちできない時には、誰かもっとその場で発言力のある人物を紹介してもらい、応援に回ってもらえるように尽力することなど、人脈を築き、小さなＹｅｓをもらってうまく利用することによって、物事を有利に進めるわけです。

ただ、あまりお勧めできないのは、悪口や陰口のたぐいです。誰かを陥れる作戦なのですが、時と場合によっては成功することがあったとしても、やっている側としては気分の良いものではないですし、失敗した場合、こちらに跳ね返ってくる報いのほうが大きすぎて損をしてしまうことも十分考えられます。

日本人は比較的、こういう陰口が得意な人種ですが、まっとうなビジネスを行うことを考えると、このような他者に対してのネガティブ発言は止めておくべきでしょう。

それよりも、**あくまで第三者として発言する時に、むしろポジティブ発言をしておくと、後々静かに効果を及ぼすことがあります**。例えば、「Ａさんはああ見えて、実は戦略家として知られているんですよ」といった発言が、直接関係者に告げるよりも口伝てで多方面に伝わり、じわじわとＡさんにとって良い影響を作り出すことが実際にあります。

人間としても、人の悪口を言うよりも、人を応援するようなポジティブ発言をする人のほうが、

信頼されるのは当たり前のこと。日本人は小規模集団の中で生き残ることを求める習性が、社会の中ではいまだに息づいています。そのやり方を全面否定するつもりはありませんが、グローバルな視点からすればあまり好印象を与える行動ではありません。

あなたの置かれた状況次第のことなので、明確な善悪を判断することはできませんが、少なくとも紳士的な行為ではないことだけは、覚えておいたほうがいいでしょう。

Point!

事前の根回しやロビー活動は交渉テクニックのひとつ。ずるいと思わないで「大人の交渉」として上手に利用する。

Strategic Negotiations

10 積極的に学ぶという姿勢が大事

交渉を有利に展開するにあたって要求されるのは、相手からいかに言葉を引き出すか、という点です。人には「話したがり」がよくいます。自分がそのタイプなら、大事な交渉の場ではちょっと苦しいでしょうが控えてください。迂闊に色々とこちらから話すと、相手に多くの情報を与えることになり、揚げ足を取られたり、立場的に弱くなってしまったりと、いいことはありません。ここは、ぜひとも聞き役に回ってほしいのです。

相手に話をさせるのは、交渉の場だけではなく、メインの話題が終わった後の雑談が有効であることは説明しました。オフィスの様子、あらかじめ調べておいた先方の趣味、出身地、大学など、色々なものが会話のネタになります。そういった世間話から入ります。

さらに相手に話を続けさせるために、**言葉尻をとらえて、ちょっと意外そうな顔をしてオウム返しをすると、相手は興味を持ってくれたと判断して、さらに話を続けてくれることが頻繁にあります。**

そして、深く頷く。身を乗り出して「もっと話を聞きたい」という姿勢を見せる。メモを取る。こうした態度から、相手は色々と話をしてくれるようになり、親密度が増すはずです。

また、わからない内容や話題などがあれば、知ったかぶりをせず、素直に「わからないので教えてください」と言うべきです。**人は基本的に「教えたがり」な性分を持っていますから、色々と説明してくれるでしょう。**ただ、あまりにも常識的なことを「わからない」と言うと、さすがに見下されることになるので、注意すべき点でもあります。

相手の経営哲学やこれまでの人生などは、お世辞抜きで興味深い内容であり、勉強になることが多々あります。こうした話は、滅多に聞けるものではないチャンスと考え、積極的に聞きましょう。下手なノウハウ本を読むよりもはるかにタメになる、現実的なノウハウが学べます。

Point!

意外そうな顔をしてオウム返しをすると、相手は話を続ける。聞く姿勢をしっかり整え、相手になるべく多くの話をさせる。

Strategic Negotiations

11 逃げ道を準備しておく

交渉においてお互いに緊張感のあるやり取りを続けていると、展開に押されて後戻りができなくなってしまうケースがあります。ただ、これはあくまでビジネス上の交渉がメインであり、警察の取り調べや裁判ではありません。何も、相手を必要以上に追い詰めることはないのです。もちろんこちら側も追い詰められるような状況を作ってはいけません。少しだけ、気持ちに余裕を持たせ、お互いに深刻にならないようにする意識が必要です。

また**自分で自分を追い込んでしまう人がいます。その場合、相手がどのようなベクトルで追い込まれているかを察すると、交渉を有利に進めることができます。そのベクトルとは、ポジティブなのかネガティブなのか、という点です。**

相手がネガティブな気持ちで追い込まれている例としては、次のような心理が挙げられます。

（どうしよう……ここで了承しないとだめかな。上から何か言われるかな、でも決定してしまったら引き返せないかもしれないな……）

このような心理は、自分の中で葛藤し、ひたすらネガティブな状況に自分を追い込んでいます。
そんな時は、こちらから、

「まあ、必ずやらなくてもいいわけですし、ちょっと様子を見ましょうか」

などのように、ここで決断しなくてもいいという状況を作ります。すると、「もう一度考えてみます」という方向に向かう場合もあれば、「ちょっと待ってください、そう言われても……」と、相手の執着の程度いかんで展開が変わります。

もし、執着が強ければＹｅｓを取りやすい状況ができあがります。万が一再検討することになったとしても、こちらから代替案を提案し、併せて検討してもらえれば、何らかの前進は見られます。

また相手がネガティブで決心できないでいる時に、こちら側が声をかけることにより、相手の背中を押して決断に持ち込むことも可能です。ネガティブな状況で逃げ道を残しておいてあげると、少なくとも、相手の緊張感をほぐし、ネガティブな感情から解放してあげる効果が期待できます。

一方、相手の中でポジティブな気分が高まっている場合、グイグイとこちらに迫ってくることが考えられます。相手が身を寄せて来た時に、あえて突き放してみる手法もあります。

「どうしましょう、ここで一旦考え直してみます?」といった柔らかい突き放しの言葉は、むしろ相手に「何とかしてここで成約したい」という、追いかける気持ちがわいてきます。

ただし、この手法もひとつ間違えると、相手に「もういいや」とせっかく成約しかけていた気持ちを損なうことになったり、「何を企んでいるんだ?」と勘ぐられ、こちらの態度がいやらしく見えてしまったりする場合もあります。

あからさまな突き放しや逃げ道の準備は、チャンスをみすみす逃してしまう結果につながることもあるので、経験をある程度積み、対応力を伸ばした段階で試してみたほうがいいでしょう。

Point!

必ず相手と自分に逃げ道を用意し、追い詰めないようにして成約を目指すこと。

Strategic Negotiations

第3章

交渉のプロも使う「感情」を刺激して有利に導く極秘スキル

Strategic Negotiations

1 「第三者」を効果的に使うスキル

交渉をするにあたっての座る場所の位置取りについて序章で説明しましたが、ここで簡単かつ有効な交渉方法をご紹介したいと思います。

それは、「第三者」を作るということです。

まず面と向かって1対1で話すのは、基本的に対決型の交渉です。そのため、直角の位置取りで斜めに相対して会話をする方法を紹介しました。そこに、もう一人の人物を加えるのです。

この「もう一人」の存在のさせ方にいくつかの方法があるのですが、まず、完全なる第三者を招くという方法です。

とはいえ、まったく知らない人を呼ぶわけではありません。**もう一人の関連ある交渉対象を現場に連れてきて巻き込んでしまうのです。その対象は、例えば自分にも本来の交渉相手であるAさんにもメリットがそれなりにある人物Bさんです。**

自分だけでなくAさんもBさんと会うことによって、新しい交渉ができる条件が発生した場合、

AさんとBさんを引き合わせたというメリットが生まれ、Aさんにとって自分は間を取り持ってくれた存在となります。またBさんとAさんがやり取りするだけでなく、自分もBさんと交渉できます。Bさんとの交渉の際、自分とAさんが組めば、単純計算で1対2になるため、Bさんよりもこちら側の組のほうが優位に交渉を進められます。

そこで何らかの交渉が成立すれば、すべてOKですが、実はこれには裏があります。**Aさんと組んで交渉をしたことにより、Aさんは最初よりも自分に近しい存在となっているのです。協力したことで、身内感が増すわけです。**

こちら側が本来ターゲットとしていた交渉相手が実はAさんだった時、一緒に交渉したという仲間意識が働き、本来の交渉をスムーズに進めることができます。実際に私も何度か行ってみたことがあるのですが、効果てき面。まず会話する口調もかなり打ち解けた状態になり、思った以上の成果を上げることができるのです。

第三者を自分の部下や同僚にするという方法もあります。要するに相手1に対してこちらが2です。しかし、**身内を味方にして攻めるわけではありません。むしろ身内を「敵役《てき》」として扱うのです。**

これは事前に部下や同僚に作戦として伝えておき、一芝居打つというやり方です。例えば部下に金額提示をさせて、Aさんが苦虫をかんだような顔をした時に、その部下に向かって「お前、その金額はちょっと高くない？」などとして、部下を敵役にします。そして、Ａさんに対して「すいません、ちょっとこちらの打ち合わせがうまく行っていませんでした」などと謝ってから、本来の提示金額を示します。

もちろん金額は提示したよりも安くしていますが、それは元々狙っていた数字だったとしたら、相手は、部下のミスを認めて改めた提示金額に見入るはずです。これは後に説明する「アンカーリング」の手法と同様です。

最初に提示した「間違った」金額が刷り込まれるので、二度目の提示額にお得感が出るわけです。こうして交渉を有利に進めることができるのです。もちろん、「敵役」をやらされた部下には、後からちゃんとフォローしておきましょう。

また、第三者を「架空の人物」にするという方法もあります。とはいっても別にＳＦのようなことではなく、その場にいない人物にするのです。例えば金額を提示した時に、やはり「高いな」と判断されたとします。元々それは想定内のこと。そこで、

「すいません、うちの経理がどうしてもこれじゃないと納得しないんです。でも、ちょっとお時間いただけますか。私が直接経理と交渉してきます」

第三者や部下とともに交渉する方法

第三者を招いて交渉する

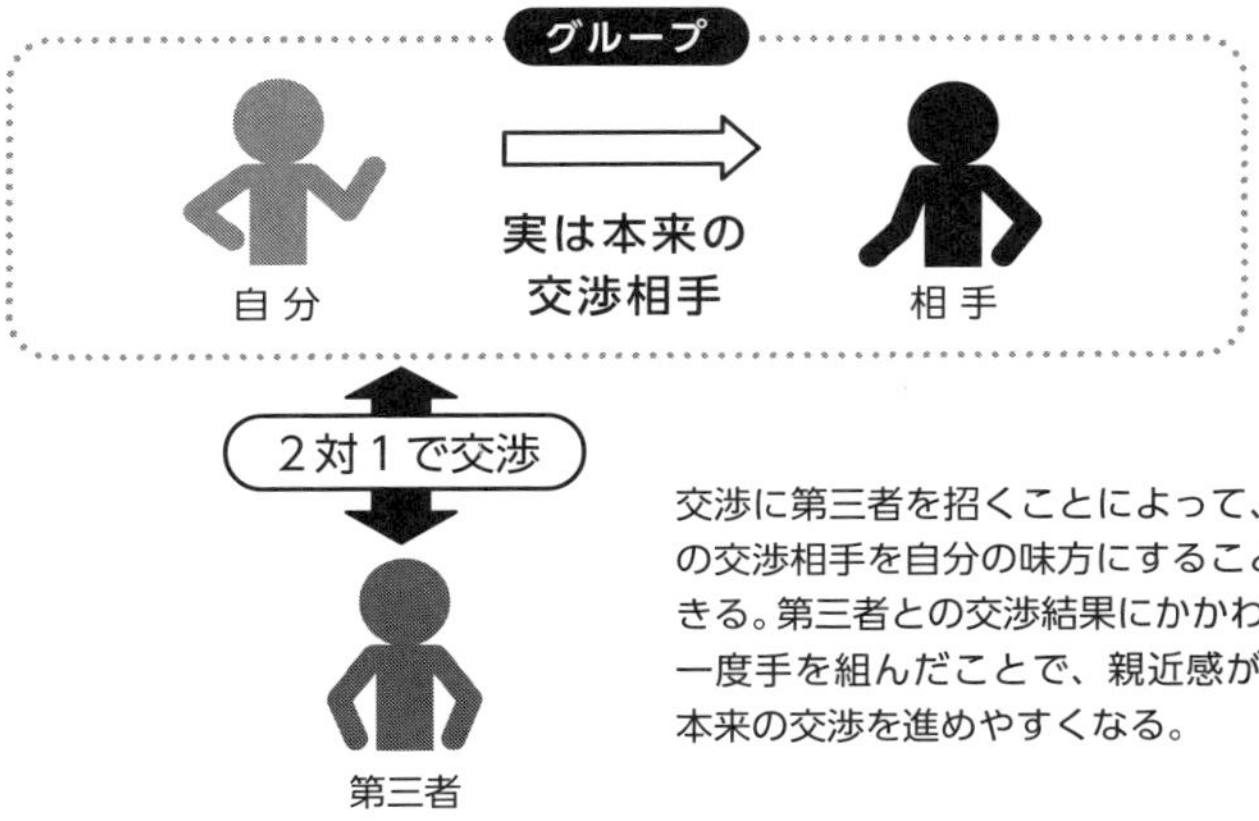

交渉に第三者を招くことによって、本来の交渉相手を自分の味方にすることができる。第三者との交渉結果にかかわらず、一度手を組んだことで、親近感がわき、本来の交渉を進めやすくなる。

部下や同僚とともに交渉する

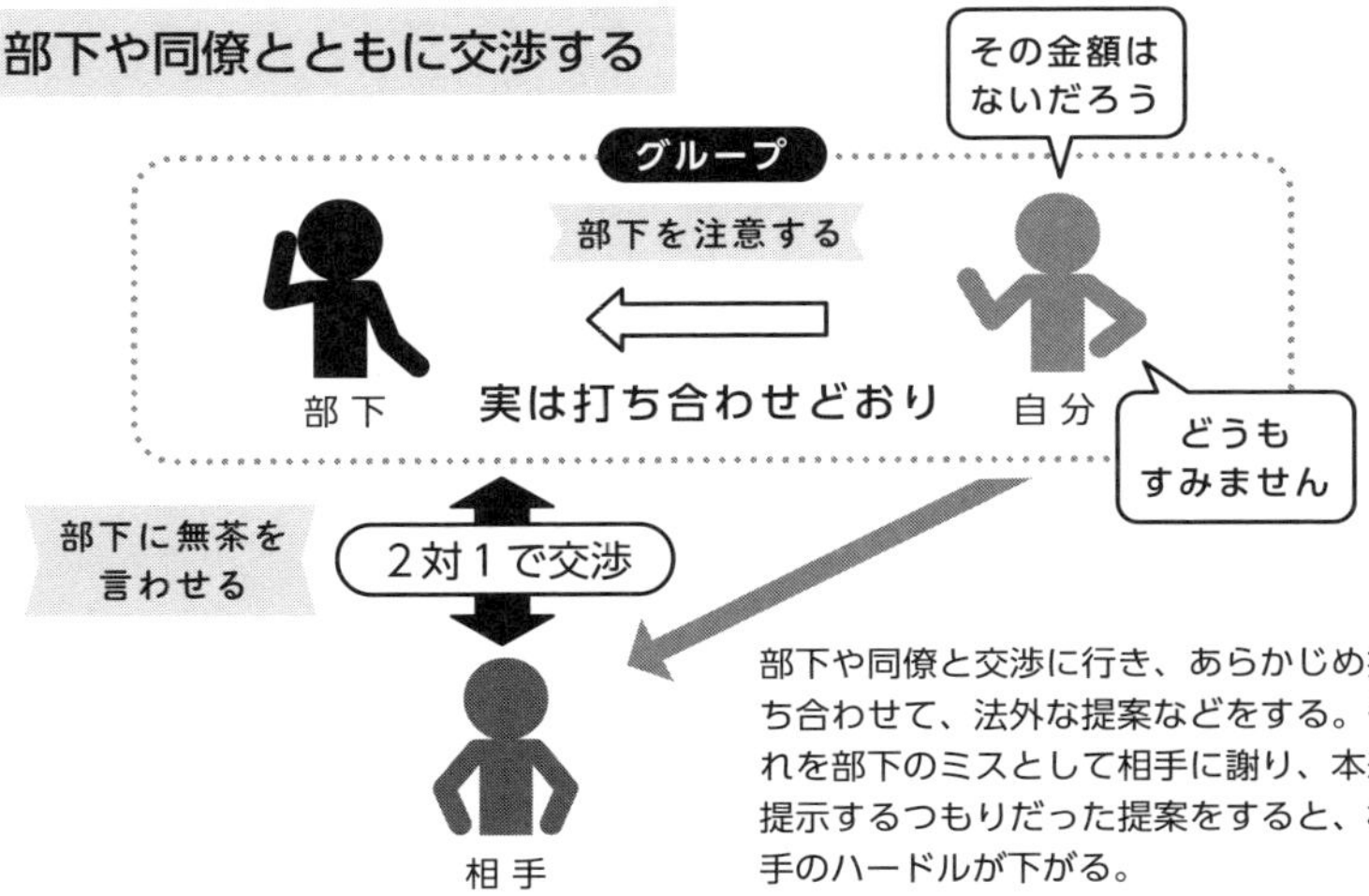

部下や同僚と交渉に行き、あらかじめ打ち合わせて、法外な提案などをする。それを部下のミスとして相手に謝り、本来提示するつもりだった提案をすると、相手のハードルが下がる。

と言って、一度持ち帰ります。もちろん、そんなことを主張している経理は存在しません。しかし、しばらくしてから電話をし、

「何とか経理を説得できました」

と言って、当初の提示金額よりも安く提示すると、こちらが努力して経理を説得し、自分の会社に配慮してくれた、という気持ちになります。これもアンカーリングと同様ですが、**拒否されることを前提に、本来の価格よりも「盛った」金額や条件を提示し、「経理」という見えない第三者を作って交渉の手がかりとするわけです。**

「敵役」を架空の経理担当者にすることによりＹｅｓを獲得することができれば、こんなに都合のいい存在はありません。人間には色々な感情や思考、性格などがあります。交渉は心理戦です。相手の心理を突く方法を駆使すれば、意外と思いがけない展開が開けてくるのです。

Point!

第三者の作り方次第で、相手の親密度を高めることができて、難しい交渉が成約にいたることがある。

Strategic Negotiations

2 フット・イン・ザ・ドア・テクニック

交渉のテクニックとしてよく使われるもののひとつが、「**フット・イン・ザ・ドア・テクニック**」です。簡単に言えば、小さい要求から段階的にＹｅｓをもらっていき、最終的に大きな目標を達成するというものです。

いきなり「この商品を１０００円で買ってください」とお願いしても、誰も首を縦には振らないでしょう。しかし、「この商品は１００円ですが、値段の割に便利ですよ」と言うと、「買ってもいいかな」と考え始めます。そして小さなＹｅｓをもらった後、畳み掛けるように「これは、この間の商品のバージョンアップしたもので、１０００円ですが、その分、前の物よりずっと性能がいいんです」と交渉すれば、これも「まあ、買ってみようか」と考えます。

このように少しずつ段階的に目的を大きくしていき、最終目的を達成するわけです。由来は、セールスマンが開いたドアに足を挟んで、営業の場を閉ざされないようにする行為からきています。ある意味、「わらしべ長者」的な側面もあります。

このポイントは、「**自己一貫性**」にあります。自己一貫性とは、一度承認したことをきっかけに、

フット・イン・ザ・ドアとは

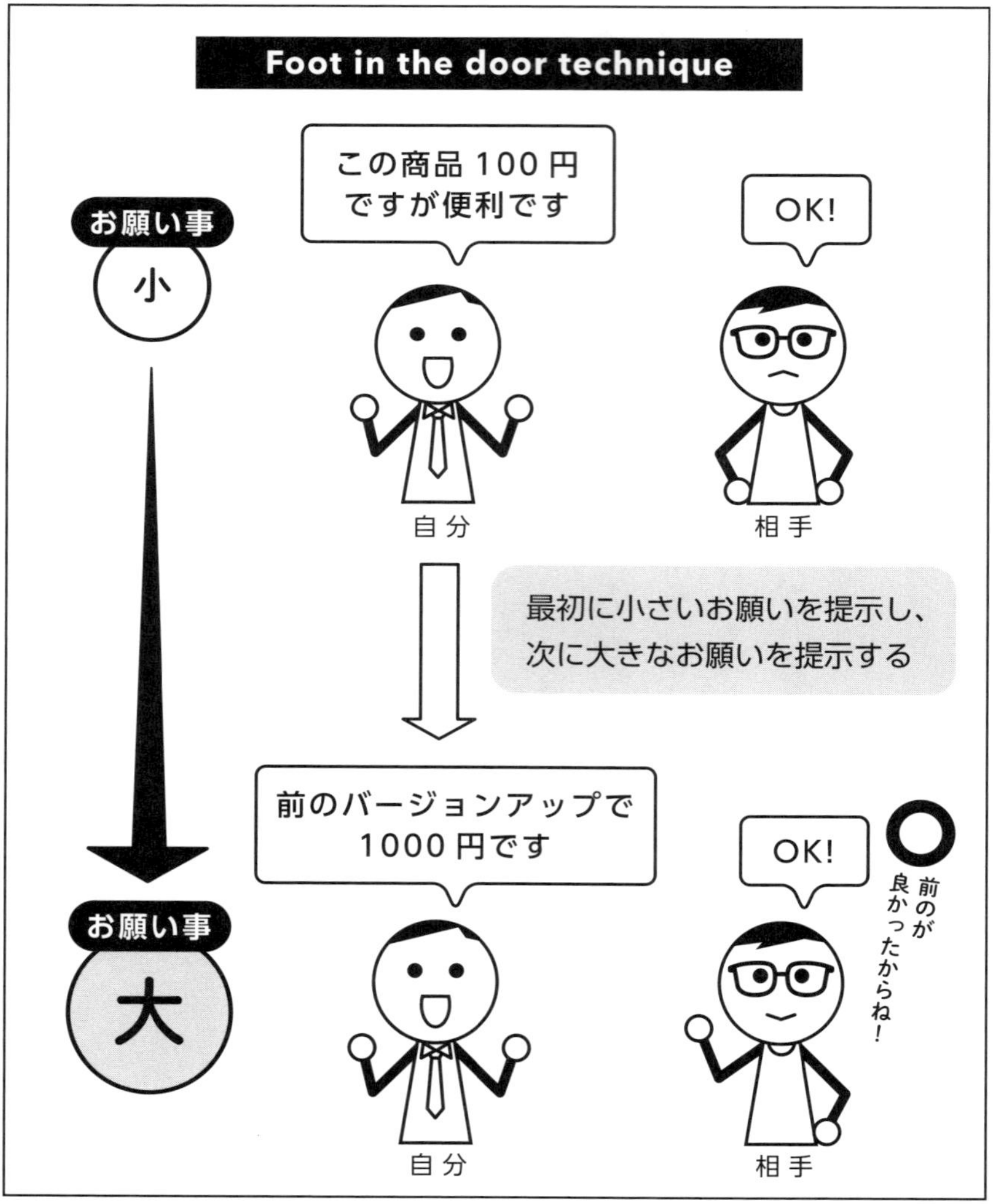

Foot in the door technique
お願い事
小
この商品100円
ですが便利です
OK!
自分
相手
最初に小さいお願いを提示し、
次に大きなお願いを提示する
前のバージョンアップで
1000円です
OK!
前のが良かったからね!
お願い事
大
自分
相手

相手の要求に対して断りづらくなり、また親密度もアップしているので、一度受け入れた以上、受け入れ続けなければいけないという心理です。**なるべく警戒されないように小さなことからお願いして、少しずつハードルを上げれば、最終的に大きなYesに結びつくというわけです。**

洋服でも靴でも構いません。お店で何となく見ているうちに、店員に声をかけられ、何となく会話に応じてしまうと、そこからどんな服なり靴なりを探しているのかと探られ、さらにそれに見合ったものを奥から持ってきてくれたりしますよね。そして試着してまんざらでもないと、店員はほぼ確実に「お似合いです」と言うはずです。すると、心が揺らぎます。

買うつもりがなかったのに、ちょっと話しかけられただけで、だんだん相手のペースに巻き込まれ、最終的には「買わないといけないかもしれない」という心理になるのです。こうした経験は誰にでもあるのではないでしょうか。

実に古典的なテクニックなのですが、今も有効なものなので、人の心理というものは時代が変わっても大きくは変化しないものだと思わせてくれます。

Point!

最初に小さなYesをもらい、立て続けに畳み掛け、少しずつ大きなYesへとつなげる。

Strategic Negotiations

3 ザッツ・ノット・オール・テクニック

「**ザッツ・ノット・オール**」とは、直訳すれば「それが全てではない」という意味になります。この手法は、通販番組を見ているとよく目にするテクニックです。

「この匠の技で仕上げた包丁が何と1万円です！」

そう言われても、包丁1本が1万円とは結構な金額です。「高い」と考えるのが一般的です。ところが、さらにこう続きます。

「しかも、今ならこの刺し身包丁と果物ナイフ、さらに包丁研ぎセットをおつけして、1万円でご奉仕！」

こう畳み掛けられると、とてもお得感が出てくる上、今買わないと損とまで思えます。むしろ刺し身包丁も実は欲しかったんだ、ということもあるかもしれません。

こうした、後からおまけが出てくるパターン、つまり最初の提示が「ザッツ・オール」ではないという点が、このザッツ・「ノット」・オール・テクニックのポイントです。

もうひとつ注目しておきたい点は、ザッツ・ノット・オールと後述のドア・イン・ザ・フェイスには「アンカーリング」の効果があるということです。

アンカーリングの「アンカー」とは楔《くさび》のことです。断崖絶壁を登る時に打ち込む金具もアンカーと言いますよね。つまり楔を打ち、「ここと決めた場所」から動かなくすることです。

例えば売りたい包丁の価格が3000円だとします。しかし、この商品を売る時に「3000円の包丁を何と1万円で！」と絶叫したところで、売れるはずはありません。しかし、「7000円のこの包丁を、今なら5000円で大奉仕！」と言えば、まず7000円という値段が頭に刷り込まれ、その商品がしかも2000円も安く手に入るとなれば、「あ、安い」と思ってしまいます。しかしその包丁の値段は3000円ですから、高く売れることになります。

最初に提示した金額は何も根拠がないにもかかわらず、「7000円」というアンカーを打ってから1000円でも2000円でも安く提示されると、本当は実際の値段より高いはずなのにお得感を感じて購入に向けて動いてしまうのです。

このように、商品の販売だけでなく取引の交渉でも何でも、最初の提示する条件がひとつのアンカーつまり基準となり、そこからサービス的な要素が加えられると、無条件に「お得感」を感じてしまうのです。相手が譲歩してくれたという感覚を植えつけられるわけです。交渉を有利に進めるにあたって、この感覚が大切になります。

最初に固定観念を植えつけておき、他のものも提示して交渉に成功するということです。いわば「松竹梅」で本来は梅のものを、「これは松だ」と最初に提示し、最終的に「竹」に落ち着かせるというものです。これは、心理的な操作をしてはいますが、決定権は相手に預けてあるので、その価値を相手がどう判断するかという点に集約され、こちら側の手からはすでに離れています。

一方、本来であれば合意を取りたい場面で、最初に「○○したらダメなのでしょうか?」という締めつけるようなクローズドクエスチョンをすることで、相手があまり深く考えず、「はい、ダメです」と言葉に出してしまうというケースがあります。相手が一度「ダメ」と言葉を口にすると、相手も発した言葉を変えるわけにいかなくなって、最終的な着地点にたどり着くことが困難になるケースがあります。

その後、「なぜダメなのか?」と聞いても、相手は引けなくなって「とにかくダメ」というような事態に陥ります。このような間違った質問を最初にしてはいけません。これは「**負のアン**

ザッツ・ノット・オールとは

カーリング」となってしまいます。この状態に陥る前に、相手が口にする言葉をコントロールする必要があります。

Point!

「これだけですよ」と見せてがっかりさせておいて、「実はおまけが……」という後出しジャンケンによる勝利。

Strategic Negotiations

4 ドア・イン・ザ・フェイス・テクニック

これは、フット・イン・ザ・ドア・テクニックとは逆で、開いたドアにいきなり顔を突っ込んで、相手に拒否される行為が由来となっています。

最初に小さなイエスをもらって段階を上げていくのではなく、断られる前提で大きな提案をして、当然断られてから、本来の目的である小さなイエスをもらう手法です。

とても値段の高い服を買ってほしいと要求して断られてから、手頃な値段の服を買ってもらうというもので、ここには要求した側の譲歩が含まれます。

つまり、高い物を断ったら相手が譲歩してもう少し安いものをおねだりしてきた。でもちょっと高いな、と感じてまた断ったら、さらに譲歩してもう少し値段の安いものをおねだりされた。

こうした展開に入ると、おねだりされた側は、相手に何度も譲歩させては断るという行動に負い目を感じ始めます。すると、これだけ譲歩させたのだから、まあ買ってあげようか、という心理になるものです。ところが、おねだりした側は、本来の目的がその最後に提案したものだったのです。こうしてまんまと作戦が成功します。

ドア・イン・ザ・フェイスとは

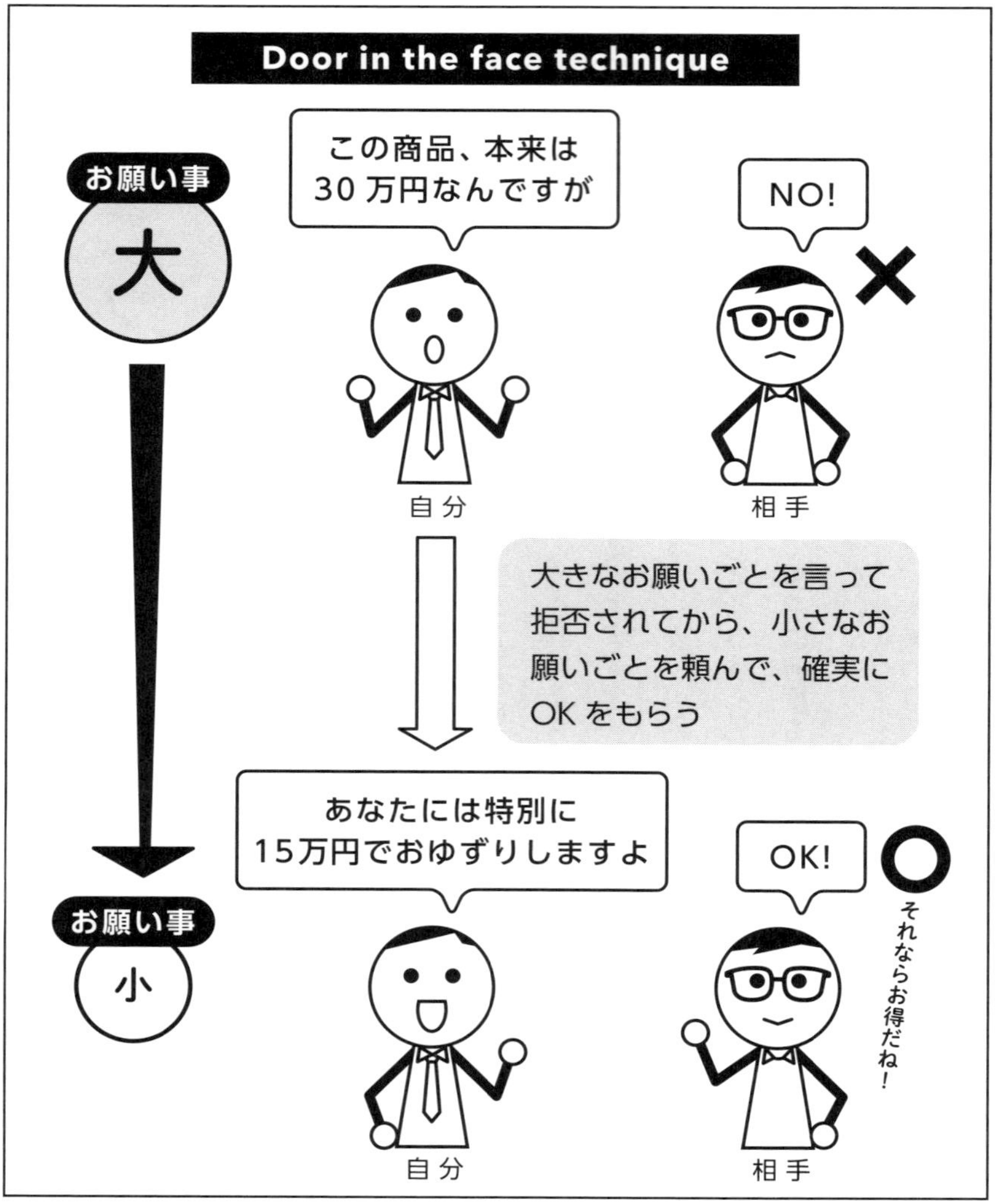

日本人にはお歳暮などの習慣がありますが、お歳暮をもらうとお返しをしなければならない、という気持ちになります。この感情を「**返報性の法則**」と言いますが、その負い目の部分を巧みに利用した交渉術なのです。

1回確実にNoをもらい、拒否されても、本来アンカーリングしている対象が最後に提案したものだったとしたら、目的を達成しています。Bという10万円の商品を買ってもらうために、最初はAという50万円の商品を見せ、断られてからBという商品を30万円で提示し、さらに断られて、「わかりました。私たちがここは泣きますよ」と恩を売って、本来の10万円でBを売るわけです。自分のためにここまでしてくれたのか、という親近感が相手にわき、他の物も買ってくれるかもしれません。

ただ、**いきなり断られる前提でも、あまりに突飛な条件を提示すると、逆に相手にしてくれなくなる可能性もあるので、ほどほどで手頃な条件の、ちょっと上であり、かつ断られそうな条件提示をする必要があります。**

Point!

想定外の高い目標を提示して無理と思わせ、低い目標を提示して譲歩した姿を見せる。

3つのテクニックの整理

フット・イン・ザ・ドア・テクニック	小さい要求から段階的にYesをもらっていき、最終的に大きな目標を達成するというもの。由来は、セールスマンが開いたドアに足を挟んで、営業の場を閉ざされないようにする行為からきている。一度承認したことで相手の要求に対して断りづらくなり、その後も受け入れ続けなければいけないという「自己一貫性の心理」を利用している。
ザッツ・ノット・オール・テクニック	最初にある提示を行い、後からおまけが出てくるパターン。交渉において、最初の提示する条件がひとつのアンカーとなり、そこにサービス的な要素が加えられることにより無条件に「お得感」を感じさせる手法。最初に固定観念を植えつけておき、そこから譲歩することで実際よりも好条件で交渉を成功させる。
ドア・イン・ザ・フェイス・テクニック	フット・イン・ザ・ドア・テクニックとは逆で、開いたドアにいきなり顔を突っ込んで、相手に拒否される行為が由来。断られる前提で大きな提案をし、断られた後で、本来の目的であるYesをもらう手法。譲歩しているわけではないのに、何となく譲歩された気分にさせて相手を頷かせる。日本人特有の、何かをもらうとお返しをしなければならない、という「返報性の法則」を巧みに利用した交渉術。

Strategic Negotiations

5 人の心を動かす「ストーリーテリング」

経営者の経営哲学を語る際に、「偉大なリーダーは偉大なストーリーテラーである」という表現がよく使われます。優れたリーダーは多くの人の心を動かす時に、必ず「**ストーリーテリング**」という手法を使っているのです。

ストーリーテリングとは、伝えたい思いやコンセプトを、それを想起させる印象的な体験談やエピソードなどの「物語」を引用することによって、聞き手に強く印象づける手法のことです。

ただし、物語の枝葉末節にまで言及した、ドラマチックで臨場感あふれる物語ばかりが有効とは限りません。むしろ聞き手がマネージャーやビジネスマンの場合には、ディティールを最小限にとどめたシンプルな物語のほうが功を奏します。

ストーリーテリングの第一人者であり、世界銀行の取り組みで活躍したステファン・デニング氏は、著書『The Leader's Guide to Storytelling（リーダーのためのストーリーテリング・ガイド）』の中で、ストーリーテリングが組織で活用されるパターンとして以下の8つを挙げています。

①他者の動機づけ……アクションを引火し、新しいアイデアを実行する
②自身の信頼の構築……自分が誰であるかをコミュニケートする
③会社の信頼の構築……ブランドを構築する
④バリューの浸透……組織のバリューを浸透させる
⑤他者との協働……物事を協働的に進める
⑥知識の共有……ナレッジを移行し、理解する
⑦噂の管理……ゴシップや噂を無効にする
⑧ビジョンの創造・共有…人々を未来へと誘う

ストーリーテリングは、相手の感情を動かすために、**自分の過去や苦労話、失敗談から、自分自身の熱い思いをもって困難を乗り越えて現在に至るということを語ることで、相手の共感を得て、物事を前向きに進めることができる、**という強力な効果があります。

例えば、本書の中で、すでにリーダーとして地位が確立されていたマハトマ・ガンジーが、列車のファーストクラスのチケットを持ちながら白人車掌に追い出されてしまう話や、米国副大統

領だったアル・ゴア氏が大統領選の際に、米国の現状や未来についての問題点など、ネガティブ・ストーリーばかりを挙げたことなどは、後ろ向きの話を語り、リーダーシップの重要性を逆の意味で訴えたケースです。

交渉の手法だけではなく、ビジネスの世界でも、ストーリーテリングは極めて有効な方法だと言えるでしょう。

Point!

印象的なエピソードなどの「物語」を引用して印象づける。エピソードは状況に応じて、後ろ向きの物語も用いると効果的。

Strategic Negotiations

6 親近感効果と初頭効果

聞き手にインパクトを残す説明の仕方というものがあります。それは、物事を説明する「順番」です。無意識に理解している人も多いと思いますが、**話す順番によって、相手の受け取り方やイメージの仕方を変えることができ、それによって交渉を有利に運ぶことができます。**これは、仕事だけでなく、笑い話や怪談をする時にも使われる手法です。

ポイントは、大切なことを最初に言うか、最後に言うか、という点です。

例えば、ある人を評価する場合、

パターンA：○○くんは、いい奴だけど、ケチなんだ。

パターンB：○○くんは、ケチだけど、いい奴なんだ。

この2つのパターンでは、パターンBの言い方のほうが好印象になりますよね。

また、就職の面接でも、

パターンＡ：20カ国もの海外放浪の旅をしましたが、学業成績はそこそこです。
パターンＢ：学業成績はそこそこですが、20カ国もの海外放浪の旅をしていました。
この場合も、当然パターンＢのほうが好印象となるでしょう。
このように、物事のプラスとマイナス、**伝えるべき情報が２つある場合はマイナス面を先に、相手の記憶に残したいプラス面を後に言うことで、良い印象を与えることができるのです。これを「親近感効果」と呼びます。**

それとは逆に、伝えるべき情報が複数ある場合は、印象に残したい言葉を最初に言うほうが効果的なこともあります。一例として、ある女性についての評価を並べました。

Ａ：おしゃれ・真面目・頑固・批判的・嫉妬深い
Ｂ：嫉妬深い・批判的・頑固・真面目・おしゃれ

この場合、Ａが好印象、Ｂが悪印象に映る傾向が強いでしょう。**良いイメージの言葉を先に並べることによって、好印象で固めてしまうという手法です。これは「初頭効果」と呼ばれます。**

初対面で相手のイメージが固まってしまうのも、この「初頭効果」によるものなのです。

もし交渉の際に相手に好印象を持ってもらいたい場合、自分が相手に何を理解してもらいたいのかを検討します。**もし情報量がとても多いのであれば、「初頭効果」を、また少ない情報量ながら、良いインパクトを残したいということであれば「親近感効果」を使うのが基本的なセオリーです。**

情報量と話す順番を把握して、相手に与える印象をうまく操作すると、交渉が成立しやすくなります。

Point!

親近感効果はプラス面を後に伝えて良い印象を与える。
初頭効果はプラス面を先に伝えて良い印象にする。

Strategic Negotiations

7 交渉前と交渉途中の感情バランスの制御が大切

交渉は、人と人が面と向かって相対する言葉の戦いです。何事も和気あいあいとしてスムーズに進めばひとつも問題はないのですが、必ずしもそうは行きません。思った通りに主張が通らないほうが場面としては多いはずです。

そんな時に、いわゆる「キレがち」な人は十分注意してください。これは仕事であり、プライベートの出来事ではありません。感情的になった段階で、もう正確な交渉は進まなくなります。

「感情」というのは交渉にとって、とても大きな要素です。ただ、感情をそのままむき出してしまうことは、ビジネスだけでなく、社会人としても適切な行動ではありません。

人は感情的になると、理性を失い、まともな判断ができなくなります。自分を取り戻すことができればまだいいのですが、一方で「もういい！」というような形で、交渉を切り上げてしまうのも、よくあるシーンです。

それによって、交渉どころか自分の社内外における自分自身の立場まで危うくなってしまうことは想像に難くありません。どんな時も、まず気持ちを整える。これが大切なのです。

これは、怒ることだけに限りません。相手の言動に対して焦りが生まれることもあるでしょう。呆気に取られて笑い出したいこともあるかもしれません。しかし、**交渉において物事を優位に進めるためには、こちら側は少しでも動揺を見せてはいけないのです。途端に相手のほうが優位な立場に置かれてしまうことがあります。**

特にスケジュールや条件の提示においてはこういった問題が起こりがちです。心にも余裕がなければ、その交渉が始まる前に負けているのと同じです。まずは、自分の側の準備を万全にし、精神的にも落ち着いて対処する準備をします。

こんな時は、「ハーバード流交渉術」に基づいて、「相手を尊重」することを忘れないようにします。すると感情的であることをセーブできます。

例えば

「あなたでなければできません」
「あなたが決めてください」
「あなたで良かった」

こうした、相手に承認を与えるという行為は、むしろ自分の感情を制御することにつながっています。

交渉で感情的になりやすいのは、意外な質問に対して返答できないことです。それまで余裕を持って対応していたにもかかわらず、思いがけない質問をされ、しかもこちらに適切な回答が用意されていない時、誰しも頭に血が上ってしまいます。緊張して汗だくになるかもしれません。その時点で、あなたは不利な状態に陥っています。

ありとあらゆる可能性を考え、どんな馬鹿げた質問をされてもそれに対する回答をきちんと用意しておく。プレゼン資料があれば、なるべく書き込んでおく。これは事前に十分用意できることです。万全の準備をするに越したことはありません。

また、話術においては、難解な質問に対してうまくかわす方法を身につけておくことも必要でしょう。本当に重要なことについて尋ねられ、即答できない場合は、その場で適当なことは言わずに、一度持ち帰って検討し、すぐにメールなどで返答するという約束をすると、その場での対応を回避することができます。

重要なこととして、自分の感情をその場でコントロールする力が必要とされます。もし、想像していなかった質問があったり、こちらがカチンとくることを言われたりした時にでも、そこで心のバランスを崩し、本能に従ってしまっては全てご破算です。

就職活動で自己分析に取り組んだ経験があると思いますが、もう一度自分の性格を見直し、感情をコントロールできるようになっていなければなりません。**大切なのは感情ではなく理性です。理性を持って相手に臨むことを忘れてはいけません。**

自分がどの程度まで我慢できるか、感情が爆発する限度をまず知っておきましょう。自分の弱点をあらかじめ認識しておくことが、自分をコントロールするための第一歩です。その点を忘れないでください。

Point!

感情に任せての言動はビジネス上ご法度。
自分をコントロールする術を見出すことが重要。

Strategic Negotiations

8

もう一人の「第三者としての自分」を常にイメージする

感情をコントロールする方法は、色々な書籍などでも紹介されています。ビジネスの範疇だけではなく、社会生活全般において大切なことであり、共存して生きていかなければならない私たちにとっては、決しておろそかにはできないことです。

しかし、なかなかコントロールが難しい、と思われる方もいるでしょう。その解決のヒントとして提案したいのが、自分自身を「俯瞰《ふかん》」して見ることです。言い換えれば、**もう一人の「第三者としての自分」を隣に置くのです。**

あくまで、たとえですが、つまり、つい感情的になって発言しそうになった時に、隣のもう一人の自分に「今、その発言をしてもいいのか？」と質問されるイメージです。**冷静になって、発言する前に一旦発言内容を状況と照らし合わせながら再確認し、「その発言はいいのか、悪いのか」を判断するということです。**

これは感情をコントロールする時ばかりではなく、交渉で強気で発言する必要があったり、相手に同調したりする時の発言においても、「もう一人の自分」の出番があります。**「行け行け、引け引け」を、冷静に判断させるわけです。**

相手と論争になっている時は、自分と相手との主観同士のぶつかり合いでのやり取りが基本となり、その応酬が感情をさらに高ぶらせてしまいます。しかし、そこで第三者役となる**「もう一人の自分」に、「あ、そうか。（相手の）そういう意見も確かにあるかも」などと、俯瞰した意見を自分の中に問いかける**と、視野が開けてその場の観点を変えて話を進めることができます。

相手も常識人でしょうから、そうなると冷静になって考え直すことになるでしょう。少なくとも、無意味な論戦にはそこで終止符が打たれることになります。

その論戦は、そもそも何らかのＹｅｓを獲得するために始まったものです。ただ、自分が相手を負かして一人勝ちすることではありません。何度も繰り返していますが、お互いに利益を生むことができるポジションを探して、そこに着地することが本来の目的です。

そうであるなら、意味のない勝負をするよりも、こちらが一歩引くことによって空気を変え、改めて交渉のやり直しをすればいいのです。そのタイミングを図るためにも、「もう一人の自分」の存在は重要です。

とはいえ、「もう一人の自分」を作ることは簡単ではありません。熱くなっている自分、辛い気持ちでいる自分、情けなく落ち込んでいる自分、全てをひっくるめて意識し、客観性を持たせるためのイメージトレーニングを繰り返すしか方法はないと思います。**日々の心のつぶやきを、冷静な目で見直し、ほんの些細なところからでもいいから客観性を持たせる努力を積み重ねていく。**こうして第二の自分を作ることができるのではないかと考えます。

後はその第二の自分を大切に育て、大きく成長させること。ただし、**自分に常に同調してくれる子どもではなく、熱くなりやすい人なら冷静な自分、感情に任せて口走りやすいなら理屈っぽい自分、というように、真逆の「自分」を作り出すことが大切です。**

特に気持ちの浮き沈みが大きい人は注意です。交渉でのコミュニケーションは勝負ではなくスキルです。攻める時は攻める、引く時は引く。この当たり前のことを冷静に行うことが要求されるのです。

Point!

自分を改めて自己分析し、客観的にアドバイスをくれる、「もう一人の自分」をイメージし、冷静さを取り戻す。

Strategic Negotiations

9

アクティブリスニングを意識して相手の思考に近づく

多少前のめりになって聞く姿勢を作ると、相手はこちらの態度に好印象を持ち、色々と話してくれるようになります。そのためには、頷きや相槌など、間をつなげるための返答が必要です。そこにもうひとつ、エッセンスを加えましょう。それは、**相手の言動から閃いたことを口に出してみることです。**

簡単な例ですが、相手が自分の娘のことを話し出したとしましょう。

例えば部活動のことで、「娘がテニス部に入っているんだけれど、なかなか上達しなくて、球拾いばっかりなんだよ」と相手が話した時に、「そうなんですか」という反応もありですが、もし以前にその娘さんが地元の有名な女子校に合格したという話を聞いていたら、「○○女子校はテニスが強いんですよね」と、合いの手を入れることができます。本当に強いかどうかは関係なく、自分の娘が○○女子校の生徒である、ということを覚えているという点が大事なのです。

以前聞いた話や、普段からしている習慣などを注意深く脳裏にとどめておくと、どこかで複数の情報が結びつくことがあります。それを伝えられれば、相手は悪い気はしないでしょう。娘の自慢や○○女子校の自慢に話は広がっていく可能性が高くなります。

こうした**積極的に聞く力=アクティブリスニングは姿勢だけでなく、実際に情報を結びつけ、さらに奥までを推測する力の源となります。**物事を漫然と見聞きしているだけではなく、積極的に聞き、注意力を働かせ、相手の思考や興味に近づくのです。それには注意力で気づき、そして閃きが大切です。

もちろん簡単なことではありません。これも**日頃からの観察と意識して聞き記憶にとどめておくという技が必要です。その鍛錬をし続けていくうちに、相手の話す内容と、人物像がどこかでマッチングしていく感覚が生まれるはずです。**

スキルとしては高等テクニックのひとつですが、「この間おっしゃっていたことはこういうことだったんですね」という会話の流れができれば、相手は一層心を開いてくれます。

Point!

相手の日頃の言動を意識して記憶しておこう。情報が結びついた時、それは相手に対する大きな武器となる。

Strategic Negotiations

10 時には挑発的に、リスクを選んで展開を変えてみる

交渉においては、一切もめることもなく順当に収まるということはとても理想的ですが、どこかで、お互いにぶつかるシーンは出てくるでしょう。本来ならば、もめることは避け、状況の改善に尽力するのがセオリーです。しかし、それしか方法がないというわけでもないところが、交渉の興味深いところです。

緊迫している状況において、あえて挑発し、相手の感情を引っかき回すというテクニックがあるのです。場合によってはより危険な状況になりかねないので、一概にお勧めすることはできないのですが、その場の空気を変えることで、別の展開を期待することができます。

例えば、論争している時に「そんなこと、無理ですよね」とさり気なく言ってみる。「ホントにそれ、できます?」と挑発してみる。一回、場をむちゃくちゃにしてみるのです。色々と「楯突く」ことは可能です。

ただ、これはそこまで言っても大丈夫だと判断した相手に限定されます。初対面でいきなりこ

んな切り出し方をしては、事態の収拾はほぼ不可能となってしまいますが、多少気心が知れている相手や、性格を理解している相手に対してだったら、有効な場合があります。全て計算済みの状況ですから、大きなトラブルになることもないはずです。

荒れそうな場において、ここはあえて踏み込んだほうがいいと判断した時にだけ、リスクを冒して踏み込んで見ると、意外と思いがけない展開が待ち受けていることもあります。ただし闇雲に暴れるのではなく、きちんとどこに着地するか、落とし所も考えてチャレンジしてみるのです。なかなか度胸がいることですが、「雨降って地固まる」ということもあります。

万が一の場合に備えて、例えば同僚や部下など、諌めてその場を収拾してくれる人物をあえて用意しておくことも必要でしょう。リスク管理は大切です。

Point!

無風の交渉はありえない。空気が緊迫してきたら、意識的に会話を壊して展開を変える場合もある。

Strategic Negotiations

11 「沈黙」という最上のスキル

交渉において、相手の状況や性格など多くの情報を獲得するために、相手に話をさせることは、聞いているほうが圧倒的に優位に立ちます。一般的に交渉では口を開いているほうが7割不利だと言われるのも、情報提供を受けてこちら側が作戦を練ることができるからだと言えます。

さらけ出したほうが、言葉尻にミスを残したり、揚げ足を取られたりすることが想定されるため、聞いているほうが有利となるのです。

沈黙が有利なのは、もうひとつ別の理由が挙げられます。それは、相手に不安感を与えることができる点です。

例えば、友だちや恋人同士の会話を想定してください。こちらが何かを話しかけたのに、相手が何も口を開かなかったら、話しかけたほうは「何か悪いことを言っただろうか」と思います。それは、相手が言葉を返してくれると思っていた期待を裏切られるからです。

相手が何も言わなければ、沈黙に耐えられなくなり、その場の空気を埋めるためにまた次の言葉を投げかけるでしょう。無言の状態が苦しいのです。すると、その苦しさから逃れるためには、相手のご機嫌を取らなければならないという意識が働きます。**ご機嫌を取るということ、それはすなわち相手に対して何らかの譲歩をすることになります。**

不安を取り払うには、好条件を与えるしかありません。沈黙を回避するために、自分から好条件を出してしまうのです。それがチャンスに転じます。

逆に、相手に沈黙されてしまった時はどうすればいいでしょうか。

その対処方法は、相手の口を開かせることしかありません。**色々と質問を投げかけ、答えが返ってくるのをただ待つのみです。答えさえあれば、それからの展開を想定することが可能になります。**

ただ、それでも口を開いてくれない時は、もう仕方ありません。「同意した」ものと好意的に話を進めていきます。

もし、その展開が相手にとって気に入らないものであったとしたら、そこで初めて相手は口を開くことになるでしょう。良くも悪くも答えが返ってきたら、対応の方法が見出せます。

交渉は会話が基本であることは間違いありません。ただし、だからといって自分が饒舌ではないことに負い目を感じる必要もないのです。うまく話せないならそれを武器にして、「沈黙」という会話テクニックを使うことができるのです。思い当たるふしがあるならば、前向きに考えましょう。

Point!

交渉は話しているほうが基本的に不利。沈黙して相手の不安感をかきたて状況を優位にすることも可能。

Strategic Negotiations

12

交渉における「3回」という言葉の重要性

交渉学において「3」という数字は、実はとても意味のある魔法の数字です。というのも、交渉で3回Ｙｅｓを取れればその交渉は成約に至ると言われているからです。その最初のＹｅｓは、ほんの些細なところからで構いません。

私はよくセミナーを開催しており、テーマに合う関連本の販売をすることがあります。その際、「ほら、本があります。買ってください」といきなり切り出しても、誰も買ってくれないでしょう。

ところが、セミナーが終了してから、聴講者の皆さんに向かって

「どこから来られました？　東京の方は？」

と手を挙げてもらうと、東京の方は手を挙げてくれます。続いて

「東京以外の方は？」

と尋ねると、それ以外の方々が手を挙げます。

これによって、会場の全ての人たちから、Ｙｅｓを取れたことになるわけです。これは、著書の販売とは一切関係ありませんが、ここでコミュニケーションを取り、小さなＹｅｓをもらうと、それだけで聴講者の方々と私との距離が縮まります。すると、不思議なことに、何もしない時よりも多少は著書に手を伸ばしてもらえるのです。

この応答は、先に紹介したフット・イン・ザ・ドアになります。相手がこちらに対して小さなＹｅｓをくれた段階で、小さなハードルをひとつ越えたのです。聴講者の方々が本当の意味で私に心を開いてくれた瞬間です。

このように、質問でＹｅｓをもらうことは、大きなＹｅｓを取るための最初の小さな第一歩になります。

ひとつ小さなＹｅｓを取ると、もう1回、そしてもう1回とＹｅｓが取りやすくなり、成約に至ることができます。「3回」というのはひとつの基準になる魔法の数字なのです。まずは小さなＹｅｓを2回取り、成約となる3回目のＹｅｓを取るという段階を経ることを心がけましょう。

「3」は魔法の数字

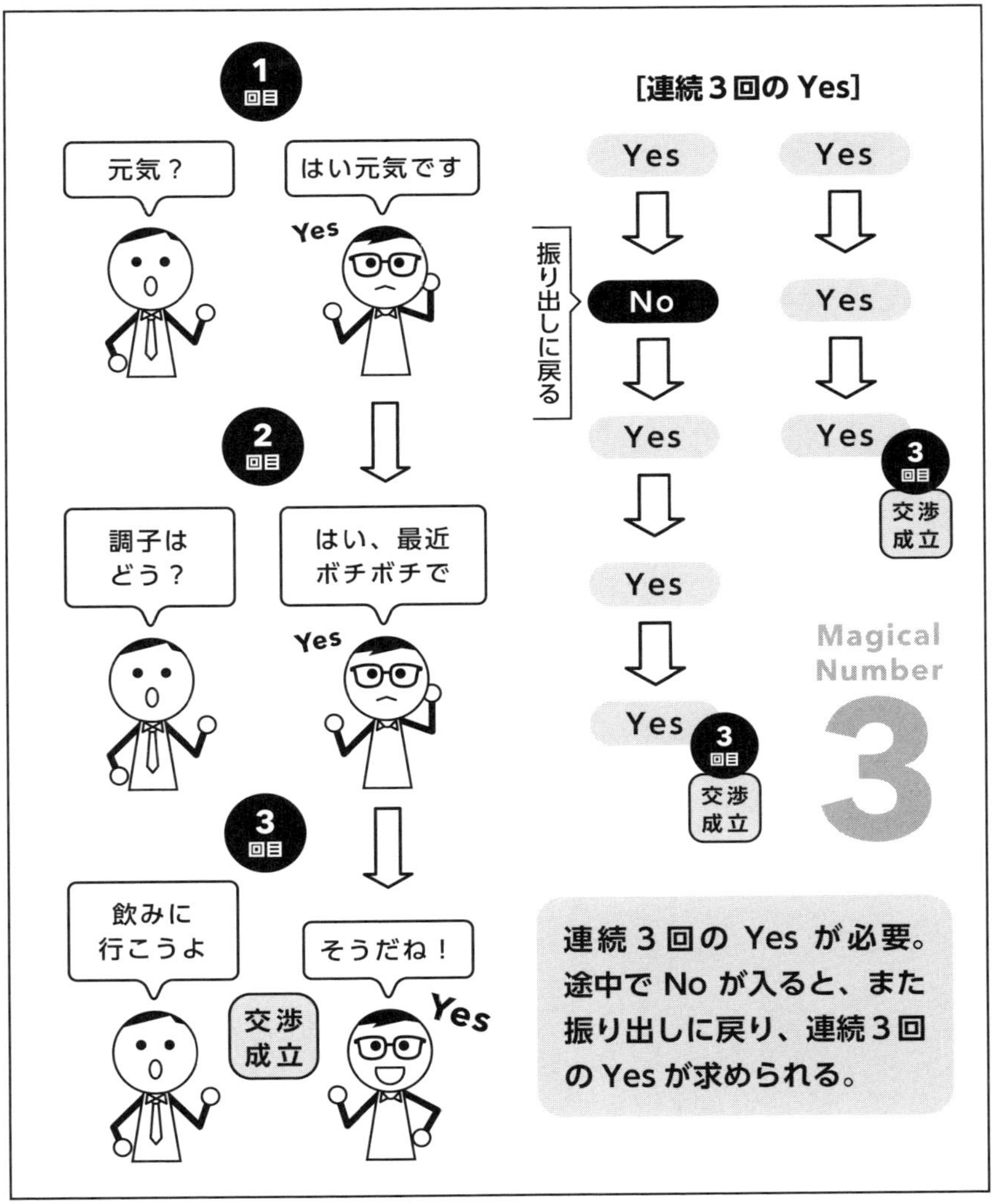
1回目
元気？
はい元気です
Yes
2回目
調子はどう？
はい、最近ボチボチで
Yes
3回目
飲みに行こうよ
そうだね！
Yes
交渉成立
[連続3回のYes]
Yes
No
Yes
Yes
Yes
振り出しに戻る
3回目
交渉成立
Yes
Yes
Yes
3回目
交渉成立
Magical Number
3
連続3回のYesが必要。途中でNoが入ると、また振り出しに戻り、連続3回のYesが求められる。

また大切なのは、Ｙｅｓを3回続けてもらうという点です。「Ｙｅｓ↓Ｎｏ↓Ｙｅｓ↓Ｙｅｓ」となると、3回Ｙｅｓを取ってはいるのですが、間にＮｏが挟まれています。連続しないＹｅｓは、Ｎｏが出た段階で降り出しに戻ります。この場合、Ｎｏの後から再カウントが始まるので、2回Ｙｅｓを取ったことになります。

あくまで経験による感覚的なものですが、少なくともＹｅｓが続かないということは、どこかに問題があります。それをクリアした時に初めて、交渉が成立すると考えていいのではないでしょうか。

Point!

「3」は交渉においては魔法の数字。立て続けの3回のＹｅｓは、交渉の成約につながる。

Strategic Negotiations

第4章

戦略的交渉を有利にする対話型会話スキル
——「聞き方」「質問」の技術

Strategic Negotiations

1 交渉で聞き出したい「5つの情報」

交渉に臨む際には、色々と主張したいことがあるとは思いますが、まずは相手の話を聞くことが大切です。喧嘩ではないのですから、先手必勝ということはありません。

何より、お互いの置かれた立場や状況などをしっかりと話し合い、それを踏まえた上で落とし所を見つけるのがセオリーです。そのためにも、自分自身が聞く側になることが大切です。

聞くことはこちらの作戦を練る上でも重要です。そこで、**まず何を聞くべきか。それには5つのポイントがあります。**それでは、順を追って説明しましょう。

①相手の求めるもの（ニーズ）

そもそも相手が何を望んでいるのか、それを知らなければ交渉も何も始まりません。どういうことを求め、それに対して自分たちに何ができるかを考えるのが、スタート地点に立つための最低条件です。

②相手の力の分析

言い換えれば、相手の強みと弱みのことであり、そこを知っておくことが大切です。それは交渉相手の性格であったり、会社のポジションであったり、そもそも会社自体が持っている実力や影響力、資金力などであったり。敵を知ることは、戦い方を考える上で重要です。それによって、相手の強みをかわしつつ、弱みを攻めて交渉を有利に展開することができます。

③制限時間

この交渉はいつまでに終わらせておくべきか。相手にも期限があるはずです。相見積もりなどでライバルがいる時は別ですが、基本的にこちらが単独である場合で断れない事情がある時には、「いつまでが相手の限度か」という制限時間を探っておくと、そのギリギリまで交渉を進めることができ、やがて相手が折れて譲歩のポイントを見つけやすくなります。ただし、「説得」して相手へのマイナスを与えては、交渉を成功させたとは言えないので気をつけましょう。

④制限価格

お金が絡む案件では、時間と同様、相手の資金の上限があります。こちらとしてはより多くの利益を上げたいですが、無意味にふっかけて断られても意味がありません。「松竹梅の法則」（101ページ参照）などのように、ある程度高めの額（上限を超えてもかまいません）を提示

相手から聞き出すべきポイント５つの整理

① 相手の求めるもの （ニーズ）	そもそも相手が何を望み、求めているのか。また、それに対して自分たちに何ができるかを考える。
② 相手の力の分析	相手の強みと弱み、交渉相手の性格や会社でのポジション、会社自体の影響力、資金力などを押さえることにより、強みをかわし、弱みを攻めて交渉を有利に展開できる。
③ 制限時間	いつまでが相手の限度か制限時間を探っていき、そのギリギリまで交渉を進めることで、相手が折れ、譲歩のポイントを見つけやすくする。
④ 制限価格	金銭が絡む案件で、確認しておくべきなのが相手の資金の上限。「松竹梅の法則」などのように、ある程度高めの額を提示した後で、本来のこちらの想定価格を提示すれば、希望価格で交渉がまとまりやすい。
⑤ 代替案	相手がどのような代替案を持っているかを探っておく。代替案によっては交渉に対してどれだけ力を入れているか、相手にとっての重要度が想像できる。交渉が相手にとって重要か否かによって、交渉方法を検討する必要がある。

した後で、本来のこちらの想定価格を提示したりすると、希望価格で交渉がまとまることがあります。

⑤代替案

そもそも、その交渉自体が必ず成功するとは限りません。ただ断られてしまっては、それまでの時間が無駄になってしまいます。そこで、相手にどのような代替案があるかを探っておきます。その内容によっては、交渉に対してどれだけ力を入れているか、相手にとっての重要度が想像できます。どうしても相手が望むことであれば、それだけこのチャンスを逃すまいとし、こちらが強く出ることもできるわけです。逆に、競合がいて、こちらの提示した条件に乗り気ではないというのであれば、こちら側の譲歩も必要になります。すなわち交渉の仕方自体が変わってきます。

Point!

相手のニーズ、強みと弱み、タイムリミット、資金の上限、そして代替案のやり取りが、落とし所のヒントになる。

Strategic Negotiations

2 「相づち」は上手に使い分ける

あなたは、人の話を聞く時にどんな相づちを入れますか。相づちといえば、「はい」「そうですね」「ええ」、そしてただ頷くだけなど、色々とありますし、シチュエーションや相手によっては丁寧語だったり、気軽な言葉だったり、様々です。

ただし、まず気をつけておきたいのは、「なるほど」という相づちです。これをつい口にする人はとても多いと思います。

「なるほど」は使い方によって意味合いが異なります。自分の知らなかったことや見聞きしていなかったことを聞いた時、思っても見なかった深い洞察に本当の意味で感動し、「なるほど〜」と感嘆する時には、全く問題ありません。むしろ、好感度を上げることもあるでしょう。

しかし、口癖のように「なるほど」を連発する人がいます。本人は合いの手程度の意味合いしかないのかもしれませんが、**「なるほど」の連発は「なるほど」の価値を下げてしまいます**。さらに、**むしろ相手には「この人は話をきちんと聞いていないな」と勘ぐられてしまうことにもなり**

ます。おそらく「なるほど」を連発する人は、「あなたはどう思いますか?」とふいに尋ねたら、しどろもどろになるのではないでしょうか。

また**「なるほど」は、ちょっと上から目線の偉そうな態度にも感じられる場合があります。**対等もしくは話し手のほうが立場は上のはずなのに、聞き手に「なるほど」と言われると、話し手がいい気持ちを抱かないことがあるのです。気をつけましょう。

一方、相づちは効果的に使うことができれば、とても重宝される武器となります。

その代表とされるのが、同意の相づちです。例えば「その通りですね」「よくわかります」など、相手の発言に対して同意すると、相手は嫌な気はしません。むしろ喜んでくれる人もいるでしょう。このような時、相手の気持ちはかなり緩みます。ところが、これが実はテクニックなのです。

相手が同意をされて気持ちが和んだ時に、「そうですね。だから他の消費者の皆さんからも信頼されているんですね」「その通りです。だからこその、この物件、そしてこの価格になっているわけですね」などと、自分の主張を続けるわけです。その主張がさり気なければ否定の意見であっても、通用するのです。

仮に「そうですね。しかし〜」と続けると完全な否定になってしまいますから、相手にとってみれば「『そうですね』は何だったんだ、違うじゃないか」と良くない印象となります。字面だけ比較してみても、「そうですね。しかし〜」のほうが強い印象を感じるのではないでしょうか。

序章でも述べましたが、**口癖というのはやっかいなもので、「いや」と発言の最初についつけ加えてしまう人が好印象を持たれないのと同様、「しかし」という言葉をうっかり口にする人が多いのも事実です。それは「そうですね」と同意してからでも同じことです。**

交渉におけるやり取りでは、相手に反論したくなる時もあるでしょう。しかし、その場の空気をどの程度上手に扱うかによって、反論の伝わり方や印象も変わります。**「そうですね。しかし」ではなく、「そうですね。だからこそ」などといった、あからさまに否定をしない形で意見を述べると、こちらの主張も通りやすくなるのです。**

Point!

「なるほど」の連発は危険。相づちは「そうですね」と、肯定してからだと、その後の否定はうまく伝わる。

Strategic Negotiations
3

質問で相手に「この人はできそう」と思わせたら勝ち

会議の席などで、たまに「どうして今その質問をするかな」と首をひねるケースに遭遇したことはありませんか？　もうすでに話し終わってから「今まで何を聞いていたの？」というパターンや、もう終わるところで「『そもそも』と初めに戻ってどうするの？」というパターン、そして全く的外れな質問だったりするパターンなど、色々とあります。みんなあえて口に出しませんが、「この人大丈夫？」と、つい見下してしまうのではないでしょうか。

質問という行為はとても怖いものです。何の気なしに口に出した言葉が、自分の価値や能力、知力を全て台なしにしてしまうことがあるからです。

質問をするということは、話している相手との思考の戦いであり、相手の思考や意見よりも上に、せめて対等レベルでされるものなのです。それでこそ、質問をする意義があります。

言い換えると、**質問をすることによって、自分の価値を上げ、「この人はできるな」と思わせることもできるということです**。自分が質問されたと想定してみてください。なかなか鋭いところを突いてきたり、回答しにくい点を尋ねてこられたりすると、嫌な気分になりませんか。「やられた」と焦って冷や汗を流すこともあるのではないでしょうか。

鋭い質問をする「質問力」のレベルをアップさせると、それだけで周りから一目置かれた存在になります。しかも、人数の多いところで鋭い質問をすると、頭のキレや良さだけではなく度胸もあると判断されます。もし、その場が、社長や重役が並んでいる場だとしたら、会社での評判もアップし、社内のポジションさえ変わるかもしれない絶好のチャンスです。

交渉の場でも、相手がなめてかかってきた時に、鋭い質問で切り返すと、おそらく相手はひるむはずです。その段階で、もう立場は有意になります。交渉におけるコミュニケーションの中で一度でもそういう機会があると、しめたもの。**たったひとつの質問だけで、勝ちにつなげることができることもあるのです。**

交渉を成功させたり、自分の価値を高めたいと考えていたりするなら、質問力を磨くことがとても重要になるのです。

Point!

質問は高等テクニック。しっかり話を聞いて、相手を感心させるキレのある質問をすること。

Strategic Negotiations

4 質問することを前提に相手の話を聞く

交渉だけに限らず、コミュニケーションにおいては相手の話を聞くことが何より大事です。聞いて理解するからこそ、それに対して意見や反論、疑問を提示することができるのです。ですから、頭をフル回転させながら、相手の話を聞くことを心掛けましょう。

特に重要なのは質問をすることです。交渉では、途中の疑問点をきちんと解決してから前に進んでいくべきです。その段階で、うかつな質問はできません。「これまで何を聞いていたんだ？」と思われては、見下され、相手を優位に立たせてしまうことになります。周りに上司や同僚がいたら、中途半端な質問をすると、ビジネスパーソンとしてもマイナス評価をされてしまいます。

むしろ、鋭い質問を繰り出すことによって、「お、こいつはできる人物だ」と思わせるほうが、こちらを優位なポジションに置くことができます。そのためには、まず細部に至るまで相手の話を聞いて理解しなければなりません。

このように**鋭い質問をしたいと心掛けていると、話の内容が通常よりも桁違いに頭に入ってきます**。というのも、質問をするためには、「相手が言ったことに対して、自分がどう考え、すり合わせて浮かんだ疑問点を尋ねる」という行為が頭の中で行われるからです。そして的確な質問をすることで、相手から一目置かれます。

質問しようと身構えて「ここだ！」と思った疑問ポイントが見つかった時、「この質問をぶつけよう」と頭がいっぱいになり、それ以降の相手の発言を聞き逃します。頭の中で質問を忘れないように反芻《はんすう》しているせいで、相手に対する集中力が欠落してしまうのです。もしかしたら、聞き漏らした部分に、疑問点への回答がされているかもしれません。なのに、散々頭の中で反芻した質問をしたら、「今話していたことを聞いていましたか?」ということになりかねません。

それを避けるためには、**質問をすばやくメモし、すぐに話を聞くモードに戻ることが必要です。**その後に、何らかのタイミングで質問する機会があったら、メモを見返し、質問するのです。もしその後の話の中で質問の回答が得られていたと判断したら、質問をやめましょう。こうした切り替えをうまく行うことにより、質問力が向上します。

Point!

「質問力」はまず聞く力を育てることから。メモを駆使して聞くことに集中しよう。

Strategic Negotiations

5 質問でさりげなく要求する

通常、質問というと、こちらから相手に尋ねて答えを求めることであり、こちらから相手に何かを突きつけるものではありません。普通は、尋ねられれば受け身になります。ところが、**この質問のスタイルを使って、こちらの要求をさり気なく受け入れさせるという、能動的な行為にすることが可能なのです。**

例えば、次のようなテクニックがあります。

「食事はフレンチと中華のどちらにしますか？」
「フレンチにしようかな」
「フレンチでいいですか？」

ここには２つの要素が入っています。**最初の２択の質問によって、「選択肢は２つしかないんだ**

よ」と回答を限定してしまいます。こうしたテクニックを「**ダブル・バインド**」と言います。迷っている相手に対し、常にAかB、イエスかノーしか言えない状況を勝手に作り上げてしまうのです。もちろん、「他にはないの？」と、相手から第三の選択肢を要求されることはありますが、そこで1つ加えても選択肢は3つ。かなり答えが限定されます。

もうひとつ使われているのが、「相手への緩やかな押しつけ」です。「〜でいいですか？」と尋ねた時、こちらが行っているのは質問です。しかし、**相手にとっては、決定権を委ねられ、最終的な決断を迫られます。これは、質問した側からすれば、「早くこの場で答えを決めてください」という要求になっています。**

「AとBというプランがあるのですが、あなたならどちらがいいと思いますか？」
「Aがいいようですね」
「では、ぜひAを採用してくれませんか？」

この会話の流れも、質問側は質問しかしていません。しかし問われた側は、自分で選択したAを選ぶしかなくなっています。この質問は「お願い」とも取れますが、「〜してください」とは言っていないので、厳密には要求されたとも判断できないのです。

ダブル・バインドとは

選択肢を2つに限定して、どちらかしか回答できない状況をつくる。

みんながみんな、強気な人ではありません。人見知りだったり、口下手で会話が苦手だったりする人も大勢います。そんな方々には、**こうして質問を使って、さりげない要求を伝えれば、交渉をうまく進めることができます。**

Point!

質問は疑問の確認だけではない。
質問の仕方と流れで相手にさりげなく要求することができる。

Strategic Negotiations

6

質問で話の腰を折り、話の観点をずらす

調子よく話している時に、下手に話に割り込んで、自分の意見を話し出したり、相手の発言をまとめたりすると、気持ち良く話していた相手の気分を損ない、それ以降、口を閉ざしてしまうという説明は前述しました。しかしこの話法を、上手に使うと別の効果が手に得られます。

それは、**あえて口を挟むことによって話の観点をずらすという方法です。相手の口を閉ざすリスクもある高等テクニックであり、あえて言えば「ポジティブに腰を折る」ことに相当します。**

交渉自体がうまく進んでいる時には、わざわざ話の腰を折る必要はありません。そのままの流れに任せておけばいいでしょう。ただ、**このままでは自分が絶対にYesを取れないと判断した場合には、流れを変えるしか手はありません。**「ところで、～の件ですけれど」「話は違いますが～」などと、割り込んで、不利な状況をそこで断ち切ります。

ある意味、このまま続けていてもYesが取れなさそうな空気なのですから、チャレンジしてみる価値はあります。困難な交渉の場だからこそ、やってみるのです。ただ、怒らせないような

注意や配慮は必要です。

この交渉方法は、前述したアンカーリングの応用でもあります。アンカーリングについては、数字を例に出して説明しましたが、必ずしも数字だけのものではありません。本来の目標つまり着地地点を決めている時に、自分にとって不利な位置が落とし所になりそうな時、話の流れを一旦断ち切って仕切り直し、本来の目標よりも向こうの位置にポジションを定めて、話を一転させるのです。

これが相手にとって譲れない位置であることは想定内ですから、断られるでしょう。そこで、譲歩を気取って本来の落とし所を再提示するというわけです。そのための、話の混ぜ返しとして、不利な流れの話の腰を折るわけです。何はともあれ、**少しでも話を自分の優位な所に持っていかなければ交渉する意味はありません。そのためのチャレンジとして、話の腰を折ってみるのです。**

Point!

話がまとまらない危険性があるなら、話の腰をわざと折って、空気を変えてみる。

Strategic Negotiations

7 「そもそも」と問いかけてみる

「そもそも」という言葉は、使い方によって良い結果も悪い結果も招く、両刃の剣です。「そもそも」は、物事の最初・原点に戻る、問題が起きた起点に戻る、ということです。

交渉が行き詰まり長引いていくと、焦点が些末なところに集まり、大局的に物事を見られなくなってしまうことがあります。そこで長い時間をかけても、結局、答えを導くことはできません。

そんな交渉の行き詰まりを感じた時に、この「そもそも」が有効的に活用されます。

自分の中の「もう一人の自分」を使って客観的に、「そもそも、この交渉の目的は何だろう」「この交渉において、そもそも、重要なこととは何か」などと、原点に一度立ち返ってみるのです。

交渉が混乱している時は、話し相手も興奮しているか、明確な回答ができずに曖昧に言葉を費やしているか、といったところでしょう。そこで、こちら側が冷静になって、論点がどんどんずれていくやり取りを、本来のレールの上に戻してあげるような意見を述べるのです。そんな意見を導き出す時に、この「そもそも」と自分に投げかけた言葉は重要です。

自問自答することによって、冷静になって現状を頭の中で整理でき、原点に立ち返ってお互い

に交渉を再開することができます。相手が興奮しているようであれば、実際に言葉に出して「そもそも～」と語ることにより、「今やらなければならないことは何か」を思い出せ、相手にも冷静さを取り戻させる効果があります。

ただ、「そもそも」も多用したり、タイミングを間違えたりすると、悪いほうへ事態が転じてしまうことがあります。いわゆる「そもそも論」です。

交渉の落とし所が見つかって、決着がつきそうになった最後の最後で、「そもそも～」と話を蒸し返し、その場の空気をひっくり返してしまうと、これまでの交渉に費やした時間が全て無駄になってしまうことになります。言い出した相手に強い発言権があったりすると、どんどん場の空気が悪化してしまいます。

「そもそも」は基本的には自問自答に使う時に利用するのがベターです。実際に口にしないほうが、ビジネスシーンでは無難だと言えるでしょう。

Point!

「そもそも論」と否定されがちな言葉でも、場の空気を落ち着かせ、流れを変える効果がある。

Strategic Negotiations

8 最も困難な事態を想定して備える

期限、予算、条件など、交渉する相手にはこれだけは譲れないというポイントが必ずあります。もちろんこちら側にも譲れないポイントはあります。これを「ベースライン（留保価値）」と言います。ベースラインはとても強力なものですからそのポイントが動くことはありません。

ただ交渉の流れによっては、どんどん相手に追い込まれて、あわやベースラインを越えてしまうかもしれないこともしばしばあるはずです。また、どこにあるのかわからない地雷をうっかり踏んでしまうこともあるでしょう。その時にはどうすればいいのでしょうか。

これにはまず事前の準備が必要です。最低限のベースラインは決まっているわけですから、その状態になったことを最初に想定しておきます。その状況下でどう対処するのがベストか、対処方法をあらかじめ想定しておくのです。この交渉が決裂した場合の対策として準備しておいた案を、「BATNA」（Best Alternative To a Negotiated Agreement の略）と呼びます。

相手の主張に負けそうな時、こちらの意見を受け入れてもらえなかった時などに向けて、代替

案であるＢＡＴＮＡを考えておくことが、交渉に臨む前にできていなければなりません。この案を用意しておけば、どう転んでも何とかなるという思いで、心にも余裕が生まれます。

そのベースラインから上の状況は、少なくとも妥協できる範囲です。交渉では、このベースラインから上にある、自分の取り分をいかに多く取ることができるような着地点を見つけることがメインテーマとなります。

後は交渉次第です。どこに着地させるかについては、これまでの様々なテクニックを駆使して、ジリジリと自分の取り分を増やすことに集中すればいいわけです。

着地点が相手の設定するベースラインとの幅が狭いほど、こちら側は妥協しづらいのですが、ベースラインから上に大きくかけ離れていけば、どこへ着地してもいい状態になるため、交渉がまとまりやすくなります。

ＢＡＴＮＡを用いてなるべく多く妥協できる幅を広げて、お互いに納得することができる相互利益の関係を目指しましょう。

Point!

これ以上は絶対譲れないというベースラインを確認し、その最悪状況をかわす代替案を必ず用意しておく。

Strategic Negotiations

9

こちらのベースラインは見せずに相手のものを探る

自分にBATNAがあるのですから、当然相手にもBATNAは存在します。相手が何を考えているかを、こちら側も事前の調査や交渉の最終の言動などから推測しなければ、交渉はうまくいきません。

この腹の探り合いも、交渉におけるひとつの大きなテーマです。そこで何より大切なのは、こちらのベースラインを相手に悟られてはいけないという点です。

相手とのつき合いが長いと、関係性を維持したいと普通は考えます。決裂したせいでその後の業務に支障がでるようなことがあれば、重大なミスとなります。しかし、交渉において結果を残すことと、相手の関係性を維持することは異なります。

例えばあまりに親しすぎて、「まあ、せっかくだからうちが泣きますよ」という態度を見せて交渉がまとまった場合、関係性は崩れないかもしれませんが、今度は、その「泣いた」ラインがベースラインとなってしまう恐れがあります。仮に何かを無料で請け負った時、次回に同じことを頼まれて、「前回はただでやってくれたじゃないか」と親しく詰め寄られて、それを無下にした場合、急速に相手との関係性が悪化します。

交渉と人情はまったく別物だと考えておく必要があるのです。

こちらが「泣く」場合には、相手にも何か「泣いてもらう」状況がなければ、お互いに良い着地点を見つけたことにはなりません。それが相互利益を生むべき関係であり、だからこそ長続きできるのです。

交渉が成立する範囲のことを「**ZOPA**」（Zone Of Possible Agreement の略）と言います。できるだけベースラインから離れたところ、つまりZOPAの高い位置で交渉をまとめることを、こちら側は望んでいるわけですから、そのためには、相手にこちらのベースラインを知られてはいけないのです。

交渉においては、代替案の内容や交換条件の金銭、見返りなど、想定外の内容も飛び出しますから、実際にはベースラインもその条件次第で変わることがあります。瞬時にどれが一番自分にとってメリットとなるかという判断を下すことが必要となるため、場合によってはかなりの高度なやり取りとなるはずです。

事前の想定プランや最悪の条件設定と対処法の準備、相手からの会話中の情報収集などが必要であり、交渉の最中に頭をフル回転させてベストの着地点を決めなければなりません。時間に余裕があるようであれば、一旦持ち帰って検討する必要があります。また、**その場で意思決定しなければならないなら、一旦休憩を挟んだり、電話をかけたりするふりをしてその場を一旦外し、深呼吸して冷静さを取り戻してから改めて判断し直しましょう。**

こちらも、相手に対してアンカーリングなどの手法でベースラインを推測し、それを前提に話を進めたほうが、俄然有利な立場で交渉を進めることができます。「相手の顔色をうかがう」ことが、先手必勝の技となるのです。

簡単なことではありませんが、経験を積むことにより、いつか必ずこの交渉術を手に入れることができます。

Point!

自分のベースラインを知られないようにして、相手の言葉や態度から最低限のポイントを探る。

Strategic Negotiations

第5章

戦略的交渉は「見た目・印象・視線」で大きく変わる！

Strategic Negotiations

1 第一印象で交渉は左右される

相手の会社を訪問する時に、ネクタイを締め直すということはよくあります。人と会う時はまず身だしなみ。「そんなこと関係ない」「言われなくてもわかっている」など、色々と感想はあるでしょうが、本当に大丈夫ですか？　第一印象は90秒で決まるなどとも言われています。やはり一度振り返ってみるべきでしょう。

話し手が聞き手に与える影響について、1971年に米国の心理学者アルバート・メラビアンが提唱した、通称「**メラビアンの法則**」というものがあります。「7・38・55ルール」とも呼ばれます。

その理由は、**話し手が聞き手に与える影響には「言語情報」「聴覚情報」「視覚情報」の3種類があり、それぞれ7%、38%、55%の割合に数値化できるというものだからです。**視覚情報についても、容姿、身振り、表情、動作、立ち居振る舞いなど色々ありますが、最初に相手の目に入るのはこちらの見た目。視覚情報が55%と半分を超えているのですから、ピシッとした服装や態度は大切です。

メラビアンの法則とは

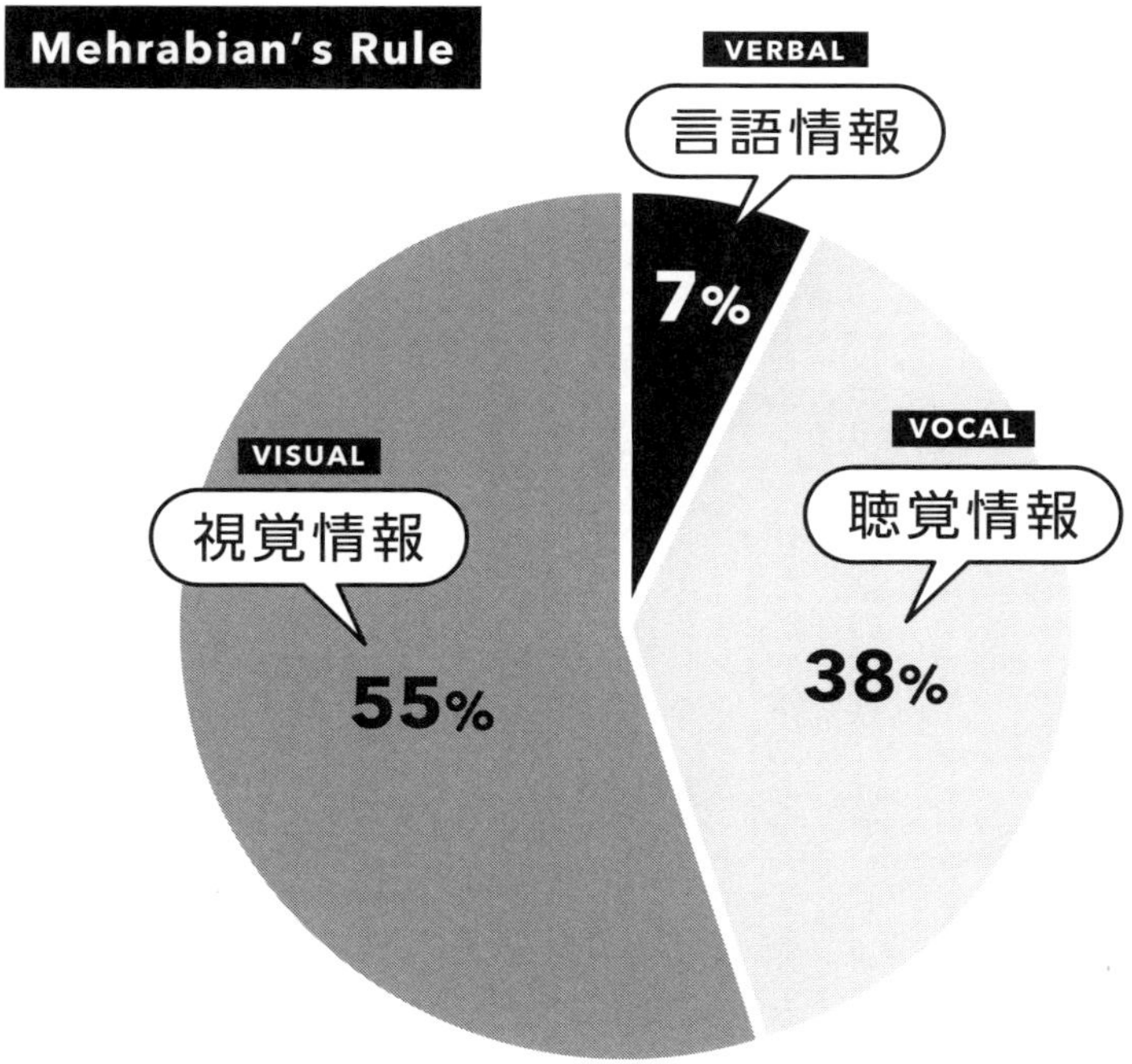

1971 年に米国の心理学者アルバート・メラビアンが提唱した、通称「メラビアンの法則」。話し手が聞き手に与える影響には「言語情報」「聴覚情報」「視覚情報」の3 種類があり、それぞれ 7%、38%、55%の割合に数値化できることから「7・38・55 ルール」とも呼ばれる。

このような話をすると、「第一印象が悪いと交渉はマイナス」という話の展開になりがちです。無論、その通りではあるのですが、逆にとらえると第一印象で大きく得をすることができるということです。

なぜなら、話し手と直接会うことによって、聞き手は多くの情報を得ることができるからです。「意外と面白そうな雰囲気だな」「いい顔しているね」「いいネクタイ締めてるじゃないか」など、**会話をする前に多くの情報を相手から受け取っていることにより、人柄を何となくとらえることができ、安心感を与えるのです。**

これは、相手を恫喝《どうかつ》する時に悪そうな顔つきと服装で威嚇するのも同じこと。それだけ、第一印象は大きなコミュニケーションツールなのです。

私は以前コールセンターに従事していましたが、電話だけだと顔も雰囲気もわからない分、身振り手振り表情が伝えられず、声と話し方、話の内容だけでしか対応ができません。一方、電話の相手は思う存分不満を吐露します。特にクレーマーは、とても強気にクレームをぶつけて来ます。

ところが、いざその人に会ってみると、意外と雰囲気が違い、あんなクレームをぶつけてきた人と同一人物かと思います。また、クレーマー側も、電話よりは穏やかに会話してくれる場合があります。

会社内でコミュニケーション力を上げたいと思ったら、何でもいいからその人と会話をすることです。あまり好きではない上司でも、一度一緒に食事やお酒を共にしてみてはどうでしょう。食事はもっとも気を許している行為であり、相手の安心感もかなり高まります。

古い考え方かもしれませんが、「同じ釜の飯を食う」という言葉は、現代でも通用する大切な教えだと私は考えています。**人には会った回数が多ければ多いほど信頼関係が深まる「ザイオンス効果（単純接触効果）」というものもあります。まずは会うことが重要であり、その最初は第一印象である**ということです。

Point!

言葉なしで多くの情報を伝える「見た目」は意外と大事。何度でも会うことによって信頼関係は深まるもの。

Strategic Negotiations

2

ボディーランゲージを効果的に使おう

前述の「メラビアンの法則」の続きになりますが、身振り手振りという動作は、とても大切です。

その代表的な例はマジックつまり手品です。手品には必ず「タネも仕掛け」もあります。ところがそれを気づかせず、常識では考えられないことをするから、観客が驚くのです。その際に効果的なのが、手の動き。それもタネとは関係ないほうの手です。手が大きく動くと、観客はどうしてもその手のほうに目を引きつけられます。動物が動く物を目で追う反応と同じ、生きる物の習性です。

人はビジネスでもプライベートでも関係なく、話す時には基本的に手を動かし、時には顔や目など、体全身で表現します。これも、視覚効果を利用した重要なコミュニケーションです。

例えば、この文章だけを読むとどう思いますか？

「これぐらいの大きさのものより、もっと大きなものがあります」

文字で読むとさっぱりわかりません。声のトーンなどにもよりますが、完全な棒読みならばこれをラジオで聞いても同様でしょう。

しかし、両手でスイカサイズの物を持つ仕草をし、その後に両手を大きく広げると、同じ棒読みでもものすごく大きな気がするはずです。

身振り手振りは、とても大きな情報を相手に与えるのです。たとえ会話が退屈だったとしても、その手の動きにはきっと注目するでしょう。**このように動きだけで、会話の内容により具体性を加えることができます。会話に熱が入れば入るほどボディーランゲージは大きくなりがちで、それによって話し手の印象さえ変えてしまうことも頻繁にあります。**

ビジネスの現場では、いかに相手にこちらの情報を具体的に伝え、興味を持ってもらうかが試されます。ボディーランゲージは交渉のツールとして非常に有効なものなのです。

Point!

非言語のボディーランゲージは意外と饒舌。そこに言葉を加えれば、より情報が多くリアルに伝えられる。

Strategic Negotiations

3

貫禄のコントロール――「見た目」も大切

『人は見た目が9割』（竹内一郎著、新潮新書）という書籍がベストセラーになりました。本当に「9割」が見た目だけとは限らないとは思いますが、最初の見た目が相手にとって強い印象を抱かせるということは間違いありません。ヨレヨレのアロハにボサボサの髪、ヒゲという人物よりも、きちっとスマートにスーツを着こなし、清潔感にあふれた人のほうが、交渉の現場では印象がいいに決まっています。

私の場合、基本的に交渉の場ではメガネをかけて臨みます。理知的で「できる男」のイメージを作ることができるからです。相手次第では、ちょっと年齢よりは上の印象が持たれやすい縞の入ったスーツなどで、貫禄があるように装います。

こうした視覚的効果は、やはり相手にとっては効果的です。最初の雰囲気作りは大事です。厳しい交渉の現場では貫禄が大切ですし、柔らかい交渉では、見た目のギャップなどが功を奏する場合もあります。状況によって、見た目も工夫して使い分けることが大切なのです。

見た目において、特にポイントとなるのは服装、髪型、靴です。高価なスーツでピシッと決めても、靴が傷つき薄汚れていては台なしです。些細なことのようで、意外と靴は相手の目に止まりやすいアイテムなので、状況に合った、きれいに磨かれた靴を履くようにしましょう。

色彩心理学でも語られることですが、色も人に大きな印象を与えます。**一般的に、強気に出る交渉の場合には赤系統のネクタイを、またお詫びなど相手の怒りを鎮める時には青系のネクタイが有効である**と言われていますし、実際にもその通りだと思います。

スーツも紺色やチャコールグレイを基調とした落ち着いた色で、無地かストライプが落ち着きや精悍さを印象づけます。黒でも悪くはありませんが、喪服などのイメージや、威圧感を与える場合もあるので避けておいたほうが無難です。

もし交渉場所が自分のオフィスなどのように、色々と演出ができる場所だった場合には、周りの色づかいにも気配りしておいたほうがいいでしょう。

以前、あるオフィスをうかがったことがありますが、そこはメインオフィスと休憩室だけは明かりに暖色を採用し、壁一面がなぜかオレンジを基調としていました。色には「ビタミンカラー」というものがあり、黄色、緑、オレンジなどのビビッドな色は、人に元気を与えてくれる効果があるのです。緑黄色野菜や柑橘類がビタミン豊富であるところに由来しています。そのオフィスは、仕事や休憩の時には疲れを取り除いて元気になれることを意図して、そのようなカラーにしたのでしょう。

一方、青系統は落ち着きを与えるイメージカラーです。ウェブのデザインでも企業サイトなど、ビジネス系サイトのカラーは青系統を意識して使用しています。またそれに対して、オンラインショップなどのサイトは鮮やかでカラフルな色使いです。色の効果が、見る人の心理を大きく左右するのです。

Point!

やはり人は「見た目」も大事。目から飛び込む色彩効果は相手の心を左右させる。

Strategic Negotiations

4 視線と表情がとても大事

何も言葉を発しなくても、目を見ればその人の心情がうかがい知れることがあります。テレビ番組などでたまに取り上げられていますが、「アイトラッカー」などと呼ばれる機械で視線の動きを追いかけ、心理状態を判断することができます。AI時代ともなれば、機械で容易に人の心の中がのぞけるわけです。

心理学の分野でも、「視線解析」や「アイ・アクセシング・キュー」などと呼ばれる、視線の動きを観察する方法を使って、その人の思考や心理を分析することができるとされています。

まず、その人の視線がどちらを向くかによって、何を思い出そうとしているかがわかります。通常、映像などの視覚的イメージを思い出す時には目は上を向きます。逆に視線が下向きになった時には、身体的・感覚的なイメージを思い出す時のポーズとされます。自分自身でやってみると、何となく理解できるのではないでしょうか。

さらに、視線が左上に動いた時には、視覚イメージの中でも記憶にまつわるものを思い出していることが多く、例えば「小学校の時の給食にはどういうメニューがありましたか」といった、過去の映像を思い浮かべる時に視線は左上に動きます。

右上に視線が動いたら、視覚イメージを創造している場合が多いとされています。「アイアイという動物はどういう姿をしていますか?」という質問で、アイアイの姿形を知らなかった場合には、右上に視線が動くのです。ウソを考えるときも右上を向きます。

左右への視線の動きは、主に音に対するイメージに関連づけられます。視線が左横に動いた時には、「ベートーベンの『第九』とはどんな曲?」など、すでに知っている音や音楽を思い出そうとしている時の動きです。一方、右横に動いた時には「アイアイという動物の鳴き声はどんな感じでしょう」と尋ねられた時など、聞いたことのない音をイメージし、考え出している時に動くとされています。

そして下向きは身体的イメージが一般的だと前述しましたが、それは主に右下に動いた時です。「無重力の時の感覚はどうだろう」など、経験したことのない感覚をイメージする時には右下に視線が移動します。

左下の場合は、過去の感覚や経験と照らし合わせて、自問自答のような内部対話している時の視線の動き方になります。

このように、人の心理状態は、視線の動きでだいたい把握できることが心理学においてはわ

アイ・アクセシング・キューとは

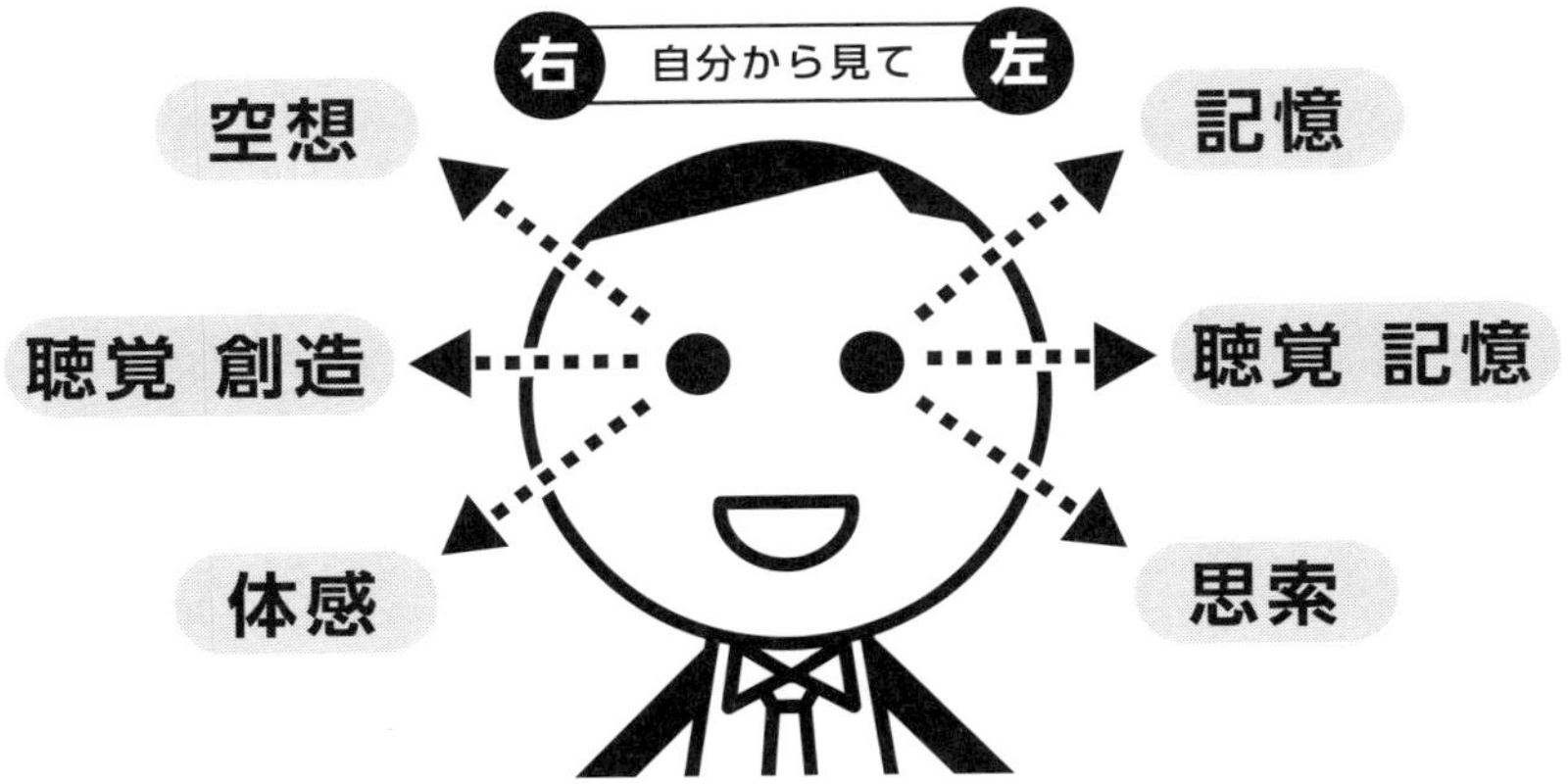

視線による心理分析（眼球動作の意味）

↖右上方向へ	左上方向へ↗
新しいイメージ（視覚情報）の創造	過去に記憶したイメージを思い出す
←右水平方向へ	左水平方向へ→
聞いたことのない音を創造している	記憶している音や音楽を思い出している
↙右下方向へ	左下方向へ↘
身体的イメージを思い出している	自己の内部で対話している

かっています。利き手の違いや、右脳と左脳のバランスの問題などによって、完全に真逆になる場合もありますし、個人差もあるので「絶対」とは言い切れませんが、**一般的に視線には心の内を表す傾向がある、ということです。実際に、その人がどういう思考傾向にあるかは、何度か試してみて確認すればわかります。**

相手の視線があちこちにさまよっている時は、心理的に動揺している傾向にあり、一定方向にずっと向きっぱなしで自分のほうをあまり見ない時には、話題がおもしろくない場合や面倒だと思っている時など、こちら側に興味がないことが判断できます。

ここでいう視線の動きは、相手側の心理や思考を読む場合の話ですが、**同様に相手も同じテクニックでこちら側の心理を読もうとしているはずです。自分の思考や心理が筒抜けになっては意味がありません。自分の視線の動きにも注意を払ったほうがいいでしょう。**

Point!

視線が動いた先には相手の思考や心の動きが現れる。相手の視線をとらえ、交渉を優位に進めよう。

Strategic Negotiations

5 ポーカーフェイスをきどる方法

視線の動きで相手から心の内を読まれないようにするための方法として、「ポーカーフェイス」を作るという方法があります。語源はトランプのポーカーで自分が持っているカードの手の内を読まれないようにするための表情からきています。

交渉をする時には、表情や仕草でアピールすることも大切ですが、逆にこちら側の内面を読まれないようにすることも重要です。「相手の心理を読む技術」は、当然、相手側も意識していると考えて間違いありません。交渉の場でこちら側がキョロキョロしていたり、頭や顔を触ったりすると、こちら側の不安や動揺が読まれてしまいます。

それを防ぐための手段がポーカーフェイスです。

ポーカーフェイスを作るには次のような点を意識するといいでしょう。

- **奥歯をかんで、顔の筋肉をなるべく動かさない**
- **視線をさまよわせない**

- **ゆっくりと目立たぬように深呼吸して気持ちを整える**
- **こっそりとこぶしを握りしめるなどして気持ちを強くする**
- **その場とは全く違うことを考えてみる**
- **むしろ考え込むふりをしてみる**

その場と直結しない感情を生み出したり、演技してみせたりすることで、こちらが何を考えているかを、相手に悟られないようにするのです。なかなかテクニックが必要ですが、まずは静かに呼吸して気持ちを落ち着けることから始めると、簡単に取り組めるのではないでしょうか。ぜひともポーカーフェイスを身につけてみましょう。

Point!

何事にも動じない「ポーカーフェイス」を練習し、こちらの心の内を読まれないようにする。

Strategic Negotiations

6 適度なアイコンタクトで相手の信頼を得る

昔から「話す時には相手の目を見て」というように言われてきたかと思います。相手から目をそらしてしまうのは、自分に自信がなかったり、嘘をついていたりするなど、相手を正面から見つめられない場合です。内気でどうしても相手の目を見て話せないという人も多いと思いますが、ビジネスシーンでは、アイコンタクトが必要な場面が多々あります。

例えば1対1で話す時。これはもう逃げられない状況です。自分に自信を持って相手に臨まなければ、交渉が良い形で進むことはないでしょう。**資料を広げて提案している時にも、時々相手の目を見て、自分が自信を持って話しているんだということをアピールする必要があります。**むしろ、それをしないと、逆に「自信がないんだな」と、相手に勘ぐられてしまいます。

こちら側が話を聞いている時でも同様です。資料を読む素振りで視線をずっと下に落としているようでは、「こちらに興味がないのだろう」と相手に思われてしまいます。**資料を本当に読んでいる時や、指示されたところに目をやった後にも、すっと目を上げて相手の目を見ることにより、**

「自分は話をきちんと聞いているんだ」という姿勢を示せば、お互いの信頼度が強まっていくでしょう。

ただし、アイコンタクトを意識するあまりに、ずっと相手の目を見ていると、それはそれで見られ続けた側にとってはプレッシャーになります。人によっては「気持ち悪い」と思うこともあるかもしれません。そのような不自然なアイコンタクトをする必要はありません。そういった時は相手の鼻のあたりを見るようにしましょう。

こんな時には、すでに説明したように、テーブルの隅などを使った90度の角度での位置関係が役に立ちます。**適度に目を合わせ、適度に視線を外せる。それでいて遠からず、圧も感じさせないポジション取りが大切になってくるのです。**

大勢を相手にするプレゼンや講演でも、資料やモニターに目をやっているばかりではなく、時には全体を見渡し、何人かにきちんと視線を合わせていけば、こちらが自信を持って話していることを伝えることができます。

Point!

時々相手の目を見て話すことによって、こちらの自信の程度を伝えることができる。

Strategic Negotiations 7

「暇そう」よりも「忙しそう」を演出する

相手より優位に立つテクニックのひとつとして、「忙しさを装う」という方法があります。もちろん、本当に忙しいなら装う必要はありませんが、たとえ暇だったとしても、忙しそうに見せることにより、相手に感謝される状況を作り出すことができます。

なぜなら、**忙しいはずなのにすぐに電話をしたり、メールを入れたりして、折返しの速さを示せば、「自分のためにわざわざ時間を割いてくれた」という印象を与えられるからです。**

ただ、自分から「忙しい」を口にしてはいけません。むしろ仕事の段取りが悪くて、いつも忙しい状況を作ってしまう人に見られるからです。突然の電話はすぐに出ないなどの工夫をします。

例えば電話の場合、一旦かかってきたらそこで電話を取らず、ちょっと間をおいてから掛け直し、「すいません、会議を抜け出してきました」と小声で話すと、会議よりも自分を優先してもらったありがたさを感じるはずです。

相手より優位に立つには「時間をいかに操るか」が重要視されます。時間は全ての人に平等です。自分が約束の場所に時間通りに来ていることに対し、目上の人が遅れてきたら、相手は頭を下げるところから話が始まります。時間をいかにして操るかは交渉場面において非常に大きなものになります。

普段、相手からのメッセージを受けたら、いかに最短時間で返信するかが信頼を得るポイントですが、こういった場面での**テクニックのひとつとして「忙しさを演出する」という方法があります。**もちろん「忙しいんです」と口にして伝えてはいけません。むしろ仕事の段取りが悪い、無能な人だと思われてしまいます。

同じく面と向かっている時に、元々余裕があるのに最初は「4時まで」と伝えておきながら、後で「ちょっと電話してきます」などと言って席を外し、「次の約束をちょっと遅らせてもらったので、5時まで大丈夫です」というようにすれば、**手間をかけて時間を作ってあげたというアピールになり、ありがたみを感じてもらえるはずです。**

もうひとつ、メールを使って印象を操作するテクニックを披露しましょう。それはメールの配信予約をするという方法です。

メールを利用するメーラーには送信時間が設定できるものがあるので、メールを送る際に、例えば夜中の2時17分など、2時台の中途半端な時間設定をして、送信するのです。

夜中の2時台というと、家でちょっと遅くまで仕事をしてつい夜更かししてしまった、と思える時間です。これが朝3～4時台だと、「翌日の仕事に関わるのに何をしているのか」というちょっと悪い印象を与えます。早朝なら、むしろ5時台であれば、早起きの習慣のある人だと思われるでしょう。

この夜中2時台の設定をすれば、忙しい人だというイメージを与えることができます。この方法は、社内での立場を固める際にも有効です。同報メールで社員にもメールが届くようにしておけば、「ボスは遅くまで仕事をしているのか」という印象づけができるわけです。

多少の虚実はありますが、**どう印象を持つかは相手次第であり、明らかな嘘をついて相手をだましているわけではありません。演出をしているのです。このように、Ｙｅｓを取るためには、ちょっとした演出も、有効に活かせるというわけです。**

> Point!
>
> **取り急ぎの電話やメールで忙しさをアピールすれば、相手から感謝の気持ちを引き出すことができる。**

Strategic Negotiations

第6章

戦略的交渉で時に必要になる「謝り方」のテクニック

Strategic Negotiations

1 「相手の不快な思い」に対してまずは謝罪する

交渉においては、全てが順風満帆で進むわけではありません。明らかな不注意で、言わなくてもいいのについ口をすべらせてしまったケース、作業の遅れや手配のミスなど当初の約束をどうしても守りきれずに損害を与えてしまったケース、こちらの態度や対応が相手の怒りを招いてしまったケース、ただ単に不条理な怒りに巻き込まれてしまったケース……。

これらのケースのように、相手に不快な思いをさせてしまって、どうしてもこちらが最初に頭を下げなければならないということが多々あるはずです。自分が全く悪くないことであっても、相手に何らかの不快感を持たれてしまった以上は、謝罪する必要が出てきます。

そこで交渉を打ち切られないようにするためには、謝罪するしかないわけですが、そこにもテクニックがあります。

まず大切なことは、相手と向き合ってすぐに、「ご不快な思いをさせてしまいました点をお詫びいたします」などと、謝罪の言葉を先に発することです。「申し訳ない」と心からお詫びしている気持ちを真っ先に伝えなければ、交渉は前に進みません。

たとえどんなことがあっても、まず頭を下げること。ここで、言い訳などをいきなり言い始めたら、火に油を注ぐことになり、言い合いになります。ひたすらもめて「交渉決裂！」となってしまいます。

そうなってはジ・エンド。ここまでの苦労はすっかり無駄になってしまうでしょう。**仮に本心では「自分に落ち度はない」と思ってはいても、相手に対してはぐっとこらえて頭を下げてください。**

ここで大切なのは、相手が何に対して怒りを感じているのかをしっかりととらえておくことです。あらかじめ怒りの理由がわかっているなら、その解決策や対応策を考えて訪問することができます。ただ、いきなりその策を提示し始めても、相手は聞く耳を持っていません。まずは、とにかく頭を下げて謝罪をし、それから次の段階へ入ることが必要です。この冒頭の一言の謝罪のあるなしによって、この後の展開はまったく変わっていきます。


また、どこかにあった地雷をうっかり踏んでしまい、相手の怒りの理由がわからないということもあります。そんな時にはどうすればいいのでしょうか。

まずは、とにかく謝罪します。「どうしてお怒りになって……」などと野暮な質問をしてはいけません。謝罪第一です。それから、相手の声のトーン、表情、言葉など取得できるあらゆる情報を駆使して、怒りの原因を把握する努力をします。

怒りの理由がわかれば、そこをフォローする展開に持ち込みます。もし理由がわからなくても、一旦謝るという段階を踏んでいるのですから、理由を尋ねる次のステップへと進めます。

理由がわからない時には謝罪後、「この件に関して私どもも色々考えたのですが、それほど悪い点は見当たらなく……」というように、丁寧に怒りの原因を尋ねてみましょう。

この他、謝罪する際には静かに相手の話に耳を傾けることや、落ち着いて丁寧に対応することなどが要求されます。

交渉の目的は相手からＹｅｓを取ることです。ここで、相手の感情を逆撫でては意味がありません。最初は引いて対応し、そこから事態解決の交渉や、「解決策を模索する」などとして保留して別のテーマを詰めていくなど、話題の展開を自由に操れるようになれば理想的です。

もったいないのは、謝罪だけしてそのまま帰ることです。少しでも交渉を前に進めるためには、話題をつないで会話を継続し、謝罪一辺倒で終わらない話題の展開を目指すのです。

人は、たくさん話すと最初のほうの会話は意外と忘れていくものです。怒りに満ちあふれていた暴言も、話が継続されると最初に話した内容のほとんどは忘れてしまい、目の前の会話の文言が思考を支配するようになります。こうした「人は話したことを忘れる」という法則を理解し、それを前提として話を進めれば、それまでの怒りの感情は時間とともにかなり薄くなり、内容によっては解決してしまうかもしれません。

自分が感情との戦いに負けて、交渉を決裂させるような言葉を発しないように、気持ちをコントロールすることが大切です。**相手と会う時には「もう一人の自分」を登場させて、状況を俯瞰させ、冷静に話を展開していくことを試みましょう。**

Point!

どんなに自分の側に落ち度がないと感じても、まずこちら側から謝罪の言葉を真っ先に述べることが大切。

Strategic Negotiations

2 謝罪時の声のトーンはとても重要

相手からいきなり早口で話しかけられたら、聞く側は躊躇してしまいますよね。コミュニケーションにおいて、話すスピードはとても重要です。相手の言いたいことをつかみ損ねたり、間違った理解の仕方をしたまま話が進んでしまったりすると、後から「それはないでしょう」ということにもなりかねません。

同時にもうひとつ大切なものがあります。それは声のトーンです。本人の声質は別としても、唐突に甲高い声や大きな声を発せられるとびっくりしてしまいます。ということは、相手も同じなのです。**声のトーンは、相手の気持ちを左右させるのに十分な道具となります。**

謝罪の際にも、声のトーンは重要です。声のトーンは態度とも関連しますが、相手がまくしたてている時に、こちらがおっとりと構えて相手の調子とまったくそぐわない態度と声で対応すると、相手は自分のペースに合っていないことにイライラするはずです。

そんな時には、相手の調子に自分も合わせるのです。もちろん怒鳴っている相手に対して怒鳴り返しても意味はないのですが、**相手の声のスピードが早めなら自分もその調子に合わせて早口に、声のトーンが高めならこちらはやや高めというように、相手の雰囲気に自分も乗っかってみるのです。**

こうした行動を心理学では「**ミラーリング**」と言います。相手の細かな仕草や表情、口調などを真似することで親近感を持ってもらう行動です。恋愛のテクニック本などでも紹介されているテクニックです。

対面している相手が水を飲んだら自分も飲んでみる、髪を触ったら同じく自分も触ってみる。こうした行動をさり気なく行うことによって、相手の潜在意識の中に共感が生まれてきます。これがコミュニケーションとなるのです。

このテクニックは謝罪に限らず使えるコミュニケーションのテクニックです。

そのひとつが声のトーンを合わせていくというものです。

また声のトーンそのものにも、感情が表れます。声のトーンが高く明瞭な時は、面白い話などを相手に伝えたくてしようがないという感じで、楽しさと誠実さが相手に伝わります。また、逆にトーンが低くゆっくりとした口調は、安心さや冷静さを伝える効果があります。

冒頭のように早口でトーンが高い様子は、焦りや緊張を表します。あまり相手に対して良い効

ミラーリングとは

ミラーリングとは
相手の仕草や声のトーン、
話すスピードなどに合わせる手法。

声のトーンを真似てみる。

話すスピードを真似てみる。

動作を真似てみる。

果を生まないことが多いのですが、こちらの必死さを伝え、切羽詰まった感じや緊迫感を演出する必要がある場合には、試してみてもいいでしょう。

声のトーンを合わせ、相手と同調しやすい人は、一般的に聞き上手な人に多く見られます。トーンを合わせることによって、相手との距離感を縮めることが可能になることを意識しておきましょう。

Point!

ミラーリングで声のトーンを相手に合わせ、動作を真似して、相手の「共感」を誘う。

Strategic Negotiations

3 どんな話の流れでも自分の正当化はダメ！

繰り返しになりますが、謝罪は、自分に落ち度がないと感じていても要求されたら行わなければなりません。相手との関係を絶ちたいのなら別ですが、仕事でも友だち関係でも、謝るべき時にはまず謝ること。これは絶対です。

特にビジネスにおける謝罪は、業務のひとつです。何らかの目的を持って相手と交渉しているわけですから、相手からＹｅｓを取れない行動は全く無意味です。**仕事として謝るのですから、相手に落ち度を感じさせてはならず、当然ながら自分を正当化してはいけません。**

相手にとってみれば、こちらは機嫌を損ねる行為をした相手であり、どんなに丁寧な口調で対応しても、自分を正当化した段階で、相手はトラブルの原因を自分の側に押しつけられたと感じます。その状況が不愉快でないはずがありません。

政治家や会社のトップなどの謝罪会見で「もし誤解を与えたならば、お詫びいたします」というタイプの謝罪があります。これは、最悪の見本のような回答です。問題を起こした側が、「誤解を与えたならば」と言うわけです。「誤った理解」をしたのはあくまで受け取った側であり、こちらはそれほど悪くない、もしくは全く悪くないとまで発言しているようなものだからです。

また「ならば」という表現も、「他の人たちは不快に思っていないのに、不快に思ったあなたが悪い」ということを暗に表しています。こうした謝罪をされたら、謝られた側が余計に不快になります。

日本語は繊細な言語です。他の言語と違って日本語は主語を省略することが頻繁にある言語です。そこで省略された主語がこちらと相手で食い違った理解をしていたがために、話がすれ違ってトラブルになることはありえます。さらには、「てにをは」など助詞の些細な間違いでさえ、大きなトラブルを与える原因になります。

それだけ繊細な性格を持つ日本語を、もう少し細心の注意を払って用い、丁寧な発言を心掛けることが、余計な誤解を招かずに済む方法です。 SNSの普及などもあり、公的にも私的にも日本語の発言が軽視されているように感じます。美しい日本語を、とは言いませんが、気遣いと言葉遣いを意識した発言をしていくべきです。

Point!

どんなに自分が悪くても言い訳や自分の正当化は禁句。繊細な日本語だからこそ適切かつ丁寧に謝る。

Strategic Negotiations

4

埒《らち》があかなければ別の担当者に代わってもらう

別の担当者に代わってもらう例は、電話でのやり取りが一番わかりやすいでしょう。

例えば苦情電話を受けたとします。相手は完全に怒りのモードで頭に血が上っています。文句を言いたくて仕方がない状況です。不運にもそんな電話に出たとします。

顔が見えない声だけの対応ですから、余計に罵詈雑言を吐いてくることも多々あります。いくら丁寧に応対しても、聞く耳を持っていません。そんな時には、1人で対応してもなかなか解決には至りません。しかし、他の担当者に代わってもらうと、意外と速やかに解決することが多いものです。

電話の相手は吐きたいだけの暴言をもうすでに吐き切っています。また担当者が代わって次の人が出てくるまでの待たされている間に、頭に上った血はかなり下がって落ち着きを取り戻します。

そんなタイミングで、「お電話代わりました」と、しかもちょっと上司っぽい雰囲気の担当者が出てきたら、その段階で怒りはかなり収まっています。

この時の交代した人は、本当に上司でもいいですが、単に隣の席の人でも構いません。電話なのですから、誰が出てきたかはわかりませんし、**担当者が代わったというだけで、苦情の主は自分の意見を言って相手を交代させたというだけで満足なのです。**

対面の時も同様です。交渉の最中などに問題が起きた時、もし自社であれば直接上司に出てきてもらい、謝罪の言葉を述べてもらえばトラブルは比較的速やかに解決します。

しかし自分一人で解決しようとなると、なかなか大変です。その際時々耳にするのは、**「私には権限がないので」など、自分の判断ではどうしようもない、ここまでしかできないと述べて何とかやり過ごそうとするお詫びです。「ここまで」というラインを引いた段階で、怒っている側はさらに怒りが増幅**し、何とか「権限のある」上の者を出させようとします。

一方、怒られている側も、実際に権限がない場合、どうしようもできません。だからこそ「そんなこと言われても仕方ないじゃないか」という思いが胸にわき上がっています。その不満やイライラは、相手に対する言葉の端に出てしまい、余計に相手をイラッとさせてしまいます。こうなると、もうこの場では解決できません。1人で対応せず、誰かに出てきてもらうしかないでしょう。

出先でトラブルが生じ、その場で解決できなかった場合は、一旦持ち帰り、時間を置いてから

電話の苦情の対応方法

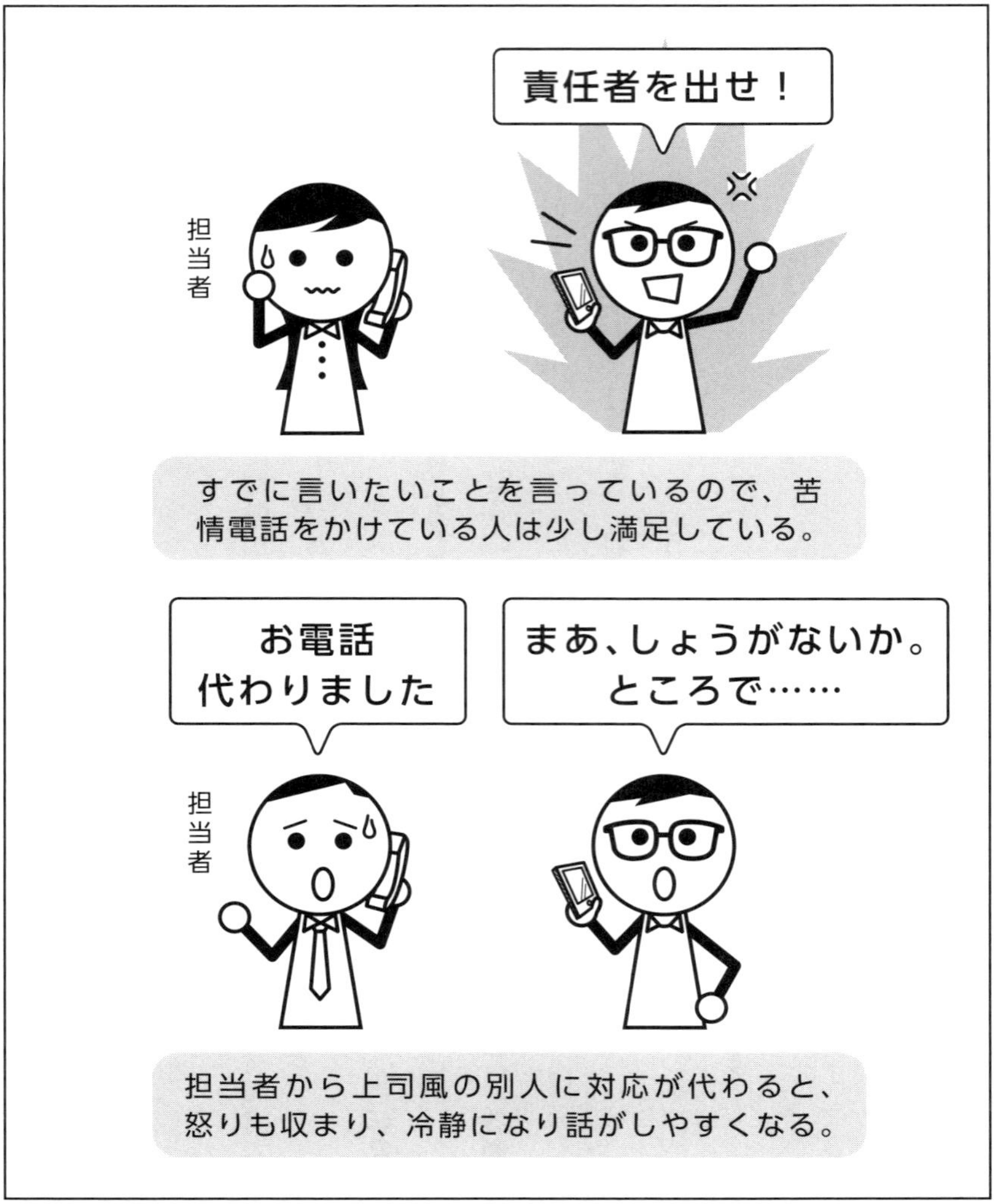
担当者
責任者を出せ！
すでに言いたいことを言っているので、苦情電話をかけている人は少し満足している。
担当者
お電話代わりました
まあ、しょうがないか。ところで……
担当者から上司風の別人に対応が代わると、怒りも収まり、冷静になり話がしやすくなる。

電話をかけます。その場合も、違う人に電話をかけてもらえば、相手の怒りは収まっていることが多いのですが、同一人物の場合は何らかの解決策を提示しないと、問題の収束には至らない場合が多いので注意してください。

Point!

自分1人で謝っても怒りが収まらず埒《らち》が明かない場合がある。その時は別の担当者に代わってもらうと、問題解決は早くなる。

Strategic Negotiations

5 謝罪の際には必ず「対案」を用意する

交渉の最終的な目的は、相手からＹｅｓを取り、お互いの落とし所を見つけて着地することです。この流れの中で相手に謝罪を求められた場合、怒りを収めてもらわないかぎりは、絶対にＹｅｓを取ることはできません。すなわち交渉の失敗です。

相手が怒っているのには必ず理由があります。日時の遅れ、条件の変更や追加、対象物の精度の悪さなど色々ですが、原因の見極めができていないうちは、どうやっても収拾はつきません。必死に土下座をしても、それはただの行為であり、問題の解決にはなりません。必ず問題点を解決する対案を提示するしかないのです。大切なことは前述したように、**どんな場合でもまずは謝罪の言葉をきちんと述べること。そして、そのトラブルを解決する対案を準備することです。**

大人の行為に対してこの表現を使うことに違和感を覚えるかもしれませんが、激昂している人への対応は泣きわめく子どもへの対応と同じです。子どもは感情を１００％むき出しにして泣き叫びます。何かを欲しがって泣いているなら、おとなしくさせるために「今度買ってあげるね」と声をかけるはずです。これは、子どもに対して対案を提示し、交渉しているのです。

「大人なのだから、対案なしで我慢してください」というわけにはいきません。「いい大人が何を駄々こねているんだ」と心の中で思ってしまうと、その気持ちは口に出さなくても態度や口調から相手に伝わってしまいます。それを察した相手はさらに怒りを爆発させるでしょう。

ここ数年、特に沸点の低い人が増え、店員らに土下座をさせ、それを動画に撮ってSNSにアップするケースが発生しています。こうした客の行為は度を過ぎており、手を出していなくても暴力行為に相当するはずです。

ただ、擁護するわけではありませんが、土下座をするほうもするほうです。そのような状況になったのは、その前に相手の怒りを鎮める謝罪と対案の提示をうまく行えなかったのだと考えられます。アルバイトや非正規社員なので権限がないと説明してしまったかもしれません。それならすぐに責任のある人物を連れてきて、対案を提示すれば良かったのではないでしょうか。

謝罪は単に謝るというだけでなく、その後のより大きなトラブルを回避するための予防策でもあります。対案をきちんと提示し、相手の理解を求めることが大切です。

Point!

大人も子供も怒りの心理は全く同じ。対案を提示することが大切。謝罪はさらなるトラブル回避の予防策である。

Strategic Negotiations

6 話の主語を別の第三者に変えて怒りを鎮める

謝罪するにあたって、自分を第三者として問題点を他の物事にずらし、怒りを回避しつつ解決に向かうというテクニックがあります。

それは、特に苦情やクレームの場合、**「自分の責任」とはせず、その対象物が悪かったとか、会社の提示した条件が悪かったといったように、物や事象を苦情の対象として、自分は第三者の視点に立ち、「私もそう思った」というように相手の味方になってみる方法です。**

相手の怒りの矛先はその対象物や事象に向けられることになります。これが「共感」を応用した苦情の回避方法です。そして、「私が責任を持って交換します」「私が会社を説得してきます」などと相手の味方として問題解決に当たれば、怒りは鎮まります。

謝罪の第一声も「お気持ちを悪くさせてしまって申し訳ないと思っております」などのように、相手に共感する言葉が有効です。逆に「この件は全て私のミスによるものです。すいません」と責任を自分に置いてしまうと、相手の怒りのターゲットは自分1人に向けられ、相手を自分より

主語を「自分」にすると責任を負うことになる

一旦自分のせいにして、ミスを全てかぶってしまうと、上下関係ができあがり、二度と対等に戻すことができなくなる。

も上の位置に立たせてしまい、対等性を失ってしまうので回避することが困難になります。

つい自虐的に「私が悪いのです」と言いがちな人も多いですが、一旦上下関係をつけてしまうと、二度と元には戻りません。常に相手が上から物事を要求するようになります。当然、交渉も自分が不利なように妥協させられてしまうでしょう。

大切なのは、実際に自分に落ち度があったとしても、「私のせいで」という対応を絶対に避け、自分をわざわざ弱者に陥れないことです。怒りの矛先をヒトではなく、モノやコトに向けて激昂する相手と共感し、準備しておいた対案を提示することによって、相手の怒りを鎮めていきます。

最初の謝罪の段階から「今回のようなことが起きてしまったことについてお詫び申し上げます」などと述べて、まず問題となった事象に注目を集め、状況や事象が問題を引き起こしたことにして相手に親近感を持たせてから解決策を提示すると、あくまで対等性を保ったまま謝罪を済ませることができるのです。

Point!

怒りの矛先を自分ではなく別の物事や事象に向ける。相手と共感し、一緒に問題解決を考え対等性を維持する。

Strategic Negotiations

第7章

「難航」する交渉にどのように対応すればいいか

Strategic Negotiations

1 相手を怒らせてしまったらどうするか

第6章でも触れましたが、相手を怒らせてしまったら、その解決策を見出して提示しないかぎりは、絶対にYesを取ることはできません。ここで大切なのは、相手をなぜ怒らせてしまったのかを知ることだとも述べました。

相手がNoを示した時には、Noという真意が必ずあります。その分析をするには、感情的になってあれこれと掘り下げるのではなく、むしろ自分は冷静になり、相手を俯瞰して客観的に検討することが大切です。**自分たちの他に、そのやり取りを静かに観察する第三者の目を持つことだと言えます。**

その場合の観察ポイントは次のような点です。

①**内容はどうか。**相手が自分の提案内容の全体価値を理解していないのかもしれない。

②**選択肢は適切か。**相手は新たな提案ではなく現状維持、もしくは他の相手との合意を望んでいるのかもしれない。

③**タイミングは合っているか。**相手が望むタイミングに合わせて適切に提案をしていないかもしれない。

④**プロセスは適切か。**相手はあなたが真摯に対応しているか、確証が持てないのかもしれない。

⑤**信頼性は維持しているか。**相手はあなたが約束を守るか、または意欲や能力を懸念しているのかもしれない。

⑥**自尊心を満たしているか。**相手は、あなたが自分に対して敬意を持っていないと感じているかもしれない。また、もしかしたら相手は安易にYesという自分を許せないのかもしれない。

この交渉が友人同士なのか、上司と部下なのか、購入者と販売者なのかなど、ケース・バイ・ケースではありますが、基本的なマナーやミスなどが怒りの原因ではない時に相手がNoを突きつけてくる場合には、経験上、内容か選択肢、タイミングの3つのうちのどれかが引っかかっていることが多いと思われます。

交渉は人間同士のやり取りとなるため、どうしても感情や心理的な揺らぎなどがからんできます。しかし、心のぶつかり合いにはまってしまっては、物事を冷静に見ることができなくなり、すなわち客観的な視点を持ち合わせることは不可能になります。ここは一旦落ち着き、ロジカルに物事を考える努力をするべきです。

自分が相手に提示した内容や提示の仕方、相手が望む条件などを客観的にもう一度見直し、意に沿うよう提案の見直しなどの解決策を検討すれば、相手の怒りは収まり、Ｎｏという判断を覆してくれるはずです。

Point!

相手を怒らせた時にはその怒りの真意を観察する。

怒りを招くポイントは基本的に６つある。

Strategic Negotiations

2 主義や主張がぶつかったらどうするか

交渉が難航するケースのひとつに、方針や主義、主張がぶつかり合うということがあります。これは相手の怒りを買うなどといった感情に任せたトラブルではなく、このままではお互いが決して交わることがない、つまり落とし所を見つけることができないというものです。喧嘩などではなく、冷静にやり取りしても、なお先に進まないということも多分にあります。

落とし所が全くなければ交渉決裂となり、そこでストップしてしまいます。どうしてもお互いが譲れないということであれば、それは仕方ありません。

ただ、何としてもまとめなければならないということであれば、「自分の枠」を超えてみるという方法があります。

つまり、**「自分が相手の立場だったらどうだろう」「私の尊敬する先輩だったらどう考えるだろう」などと、「自分とは違う自分」になり切ってみて考えるのです。**

障壁となりがちなのは、例えばお互いの価値観の違い、規模の違い、想定している時間の違い、実現した場合のリスクなどでしょう。これらを自分の枠に当てはめて考えるから、そこから逸脱できず平行線になるわけです。そこで、自分とは違う別の人物になりきって枠を取り払って自分を解放してしまうのです。そのきっかけとなるのが、「あの人ならどう考えるだろう」という発想です。

うまく別人になりきることができれば、これまでの価値観とは異なる見方ができるようになり、想像力が働いて考え方の幅が広がります。選択肢もより多くなるでしょう。「こんなアイデアがあったか」と思いがけない発見があるかもしれません。

そこから何らかの異なった落とし所が見つかれば、その場所に落ち着くような流れで交渉を組み立て、会話を展開させていけばいいのです。

交渉が行き詰まると、目先の利害関係ばかりが目について、つい自分の不利な状況で妥協してしまうこともありがちです。ただ、それでは「パイの取り分」を減らしてしまうだけで、いずれ後悔することになります。

また、**最終的に思い描いているゴールに向かっているのであれば、その場を取り繕って先に進めても意味がありません。後々しわ寄せが来ることは確実です。**前に進むことだけを考えてゴールを見ていないと、あらぬ方向に進んでしまいます。

交渉は「結果オーライ」ですから、途中の過程がどういう方向になったとしても、最終的に目的地にたどり着ければいいのです。そのゴールへ向かう様々なルートのうちの新しい道を見つけ出すのが、別人になって考えることです。

途中の勝ち負けよりも、最終的な結果で勝つことが交渉では必要です。そのためには、一度自分の殻を脱ぎ捨てるのも方法のひとつです。

Point!

相手と主張が真正面からぶつかった時には、「自分とは違う自分」になって別の発想や価値観を引っ張り出す。

Strategic Negotiations

3 あなたが受け入れれば相手もきっと変わる

同僚や上司、もしくは関係部署に、天地がひっくり返っても絶対に好きになれない、という人が1人ぐらいはいるのではないでしょうか。そんな人がもし営業のお得意先だとしたら、いくら嫌だとは思っていてもつき合ってもらい、喜んでもらわなければなりません。それが仕事です。

会社の仲間でも、仕事としてチームで取り組まなければならなくなった時は、なるべく遠ざかっていたいと思っても、何らかのコミュニケーションを取らなければ、会社に損害を与えてしまう可能性もあります。

社会という集団の中で行きていくためには、どうしても「嫌だ」だけでは済まされない人間関係が発生するものなのです。

その嫌いな人は、家族でも友だちでもありません。離れられない存在ではないのです。**思ったよりも短いつき合いで、いつの間にか自分の周囲からいなくなるかもしれません。そんな一時の関係性であれば、ここは「忍耐」。あえてその人を好きになってみるという努力をしてみませんか。**

誰にでもいいところが必ずひとつはあると言います。その人にも、実は優しいとか、後輩の面倒見が良いとか、思いがけない知識をたくさん持っていたなど、遠ざけていたために気づくことのなかった良い点が見つかる可能性があります。

また、「自分はここまでしか受けつけない」と考えているならば、それは自分を一定の枠の中に閉じ込めていることになります。もしかしたら、その枠を取っ払えば意外な世界が開けるかもしれないのです。

また、どう転んでも絶対無理、という相手でも「もしその人との関係が保てなければ、仕事も家族も失うかもしれない」と想定してみれば、それよりはマシと割り切った考え方に変えて接することができるかもしれません。

考え方やつき合い方は、相手次第、そしてあなた本人次第です。

絶対できないと思っていたことでも、あえてやってみることに意味があるのです。**Yesを取るために、受け入れてみようと考えることができれば、その「思考の変革」はとても大きな変化をもたらします。**

「相手は自分を映す鏡である」という「鏡の法則」があると言われています。あながち間違っているとも言えず、こちらが不快に思っているのであれば、おそらく相手もそう思っているでしょう。相手に対して不信感や疑念を持っている人の目は曇っているとも言います。特に交渉で難航している時には、イライラすることもあるでしょう。しかし、**もし相手を好きになる努力をして、見方を変えることができれば、目の前に立ちはだかっていた壁は意外と低くなり、難航場面も難なく乗り越えることができるかもしれないのです。**

私自身も実際に経験があります。かつて、どうしても好きになれなかった上司がいたのですが、それを承知であえて一緒に食事に行ったのです。すると、意外と話が通じる人物であり、その後、仕事上のやり取りも比較的スムーズに展開するようになりました。

このように、私が「あえて」やってみたことは、体感として8割以上はうまくいく流れになっていると感じており、どこかでプラスをもたらしてくれています。

相手もこちらを不快に思っていそうなら、向こうから接近してくることはまずないでしょう。だから、こちらから行くのです。

アンカーリングのところでも説明しましたが、普通なら提示しない金額を言ってみると、相手は呆れたり、怒り出したりするかもしれないため、言い出すのには勇気が必要です。でもやってみたら事態が好転することがあるのです。

嫌いな人との人間関係も同様です。**声をかけるのは勇気がいります。しかし、一旦乗り越えて**

しまえば、新しい可能性が広がるかもしれません。

人は、生死に関わるようなことがないかぎり、変わらないそうです。ただし、あえて自分が変わることによって、つき合う人も変わり、人脈も広がり、世界が変わっていくことがあるかもしれないのです。

Point!

嫌いだと思っていた相手でも無理やり好きになってみると、その後の展開が大きく変えられる。

Strategic Negotiations

4 交渉における「3つの不安」を取り除く

どんなに当たり前で慣れていることでも、「絶対に大丈夫」ということはありません。熟練の腕を持つ職人でも、「弘法も筆の誤り」で間違うことはあるわけです。事故や災害など、不測の事態は多々あります。特に初めて行うこと、初めて会う人に対して不安を抱かない人はいないでしょう。

対象によって若干異なりますが、交渉を行う時の不安は、大きく分けて3つあります。それは、

①失敗への不安
②不確実なことへの不安
③失うことへの不安

です。

失敗への不安とは、交渉がうまくいかなかったらどうしよう、ビジネスへの投資で損をしたら

どうしよう、などといったタイプの不安です。

不確実なことへの不安とは、相手が信用できない人物だったらどうしよう、交渉や書類の内容などに漏れやミスがあったらどうしよう、といった不安です。

そして、**失うことへの不安**は、交渉に失敗して得意先に切られてしまったらどうしよう、二度とないチャンスを逃してしまったらどうしよう、ということです。

百戦錬磨の交渉上手な人なら、相手が不安に思っていることがあると感じたら、その不安につけ込んだり、不安を解消してあげるような言葉を使ったりして、少しでも自分に有利な展開や条件を勝ち取ることができます。それが交渉のテクニックです。

このようなテクニックを即座に身につけることはおそらく不可能です。成功と失敗を繰り返して実践し、いつの間にか体得する技術のひとつだと言えるでしょう。ただ、こちらが不安に思っているところを相手に見せず、つけ込まれないような対策をすることは可能です。

もし**失敗しそうな時は、なるべくたくさんの情報を集めて武装しておくことや、念入りなリハーサルをして、不安に打ち勝つために心の準備をしておく**ことなどが有効です。

また、**不確実なことへの不安があるなら、起こりうる最悪の場面を想像して、その対処法を想定しておく**と、悪くても最悪までいかないものがほとんどですから、余裕を持つことが可能になるはずです。**失うことが不安ならば、それを失ったときにどんな別の選択肢があるのかをあらか**

じめ考えておけば、失敗しても安心していられるでしょう。

いきなり大きなゴールに向かって、焦って全速力で向かっていくと、どこかで見落としや失敗が生まれます。こんな時に、私は講演などで、よく「勢いよく注いだコップの水」の話をします。蛇口から最大の勢いで出た水をコップで受けてもせいぜい半分しか入りませんが、ちょろちょろと弱く出した水なら表面張力でコップの縁を超えても水がたまります。

これと同様に、無闇やたらに突っ走っても100%の結果は得にくいですが、少しずつ小さなＹｅｓを取って確実に前に進めば、いつか100%以上のゴールにたどり着くことができるのです。その意味では、交渉は一歩ずつゴールに向かうロッククライミングのようだとも言えるでしょう。

優れた交渉を実践するためには、不安を取り除き、小さなＹｅｓを念入りに積み重ねていくことが必要なのです。

Point!

不安のタイプは大きく3つに分けられる。
失敗しそうな時は落ち着き、小さなＹｅｓを取っていく。

Strategic Negotiations

5 交渉が行き詰まったら その場の空気を一変させる

交渉はロッククライミングである、と前項で述べましたが、切り立った岸壁の頂上を目指す時、途中に突き出した岩があれば、そこを避けて、もう少し登りやすい所を目がけて登っていくはずです。

その軌跡をドローンのようなもので空中から撮影したら、頂上へ向かって一直線ではなく、グネグネとあちらこちらを遠回りしながら登っているように見えるでしょう。

交渉のゴールはありますが、途中経過などは関係ありません。本当に必要ならばじっくり時間をかけて遠回りしてでも、確実にゴールに向かえばいいのです。終わり良ければ全て良し。それが交渉の最終目標です。

難航している現場は、その岸壁に突き出した岩の部分です。真っ直ぐには突破できませんが、何らかの方法で迂回すれば、難航場面もクリアすることは可能です。

それにも色々と方法はありますし、**思いがけないことが突破のカギになることも多々あります。**

比較的わかりやすいのは、その場の緊張した空気を崩してみることです。

例えば、吉本新喜劇のギャグのように相手をコケさせるような冗談を飛ばしてみるとか、相手が何かしようとした時にトイレ休憩を突然入れてみるとか、簡単なことでもいいのです。

冗談を飛ばして「すべったらどうしよう」とかそんな結果はどうでも良く、その場の空気を今までとは違う状態にすることが目的です。笑いが入ったり、休憩が入ったりすることによって、緊迫していた空気にも小休止が入ります。

それこそが狙いです。**思い切って膠着状態を壊すことによって、それまで行き詰まっていた物事に新鮮な空気が入って全体の見方が変わったり、新しい角度からの見方が加わったりするのです。**冗談などではなく、さり気ない世間話なども有効です。

日本という国は、「確認」と「承認」が重要であり、ことなかれ主義にとらわれて物事の決定が全世界的に見ても圧倒的に遅いという特徴があります。

中国などは、上の者が「やれ」と言えば、日本では2年かかる決定がほぼ3日以内で決まるとも言われます。それだけ、世界は速やかに動いているのです。遅れをとっているのは日本だけと言っても過言ではありません。

素早い決定を求めるなら、ことなかれ主義に陥っている相手の防波堤を破壊し、こちらのペースに持ち込むことが大切です。**空気を楽しい状態にまで持っていくことができるなら、保守的な人々が多くても、彼らを巻き込んでもすんなり物事が決定していくことができるでしょう。**

Point!

交渉が行き詰まってしまったら、笑いや休憩を交えて、その場の空気を一変させてから再開すると決定が速やかになる。

Strategic Negotiations

6 大きなテーマを決め、Yesを積み重ねて結論に向かう

例えばオリンピックやサッカーW杯などのように、大きなイベントが数年後に開催されることが決定すると、その開催を最大の目標として、大小様々な交渉が行われ、目標達成に向けて進んでいきます。つまり開催までに行われる交渉で取り決めた合意はイベント開催のための通過点です。

私たちが取り組んでいる交渉もこれと同じです。大きなゴール地点を目指して、それに対して小さな合意をどんどんと積み上げてYesを取り、先に進んでいくのです。ゴール地点が明確になっていると、途中のYesは通常よりも取りやすくなるという特性もあります。

これはまさしく、フット・イン・ザ・ドア・テクニックです。目的をはっきりとさせた状態で、小さなYesを積み重ねることにより、ゴールに到達することを目指すのです。

まずは大きなゴールを提案し、それを共通理解として確認することができれば、その目標は関係者にとっての揺るぎない上位概念となります。その目標を旗印にして物事が展開すれば、多少

大きな目標に対して「Yes」を積み上げる

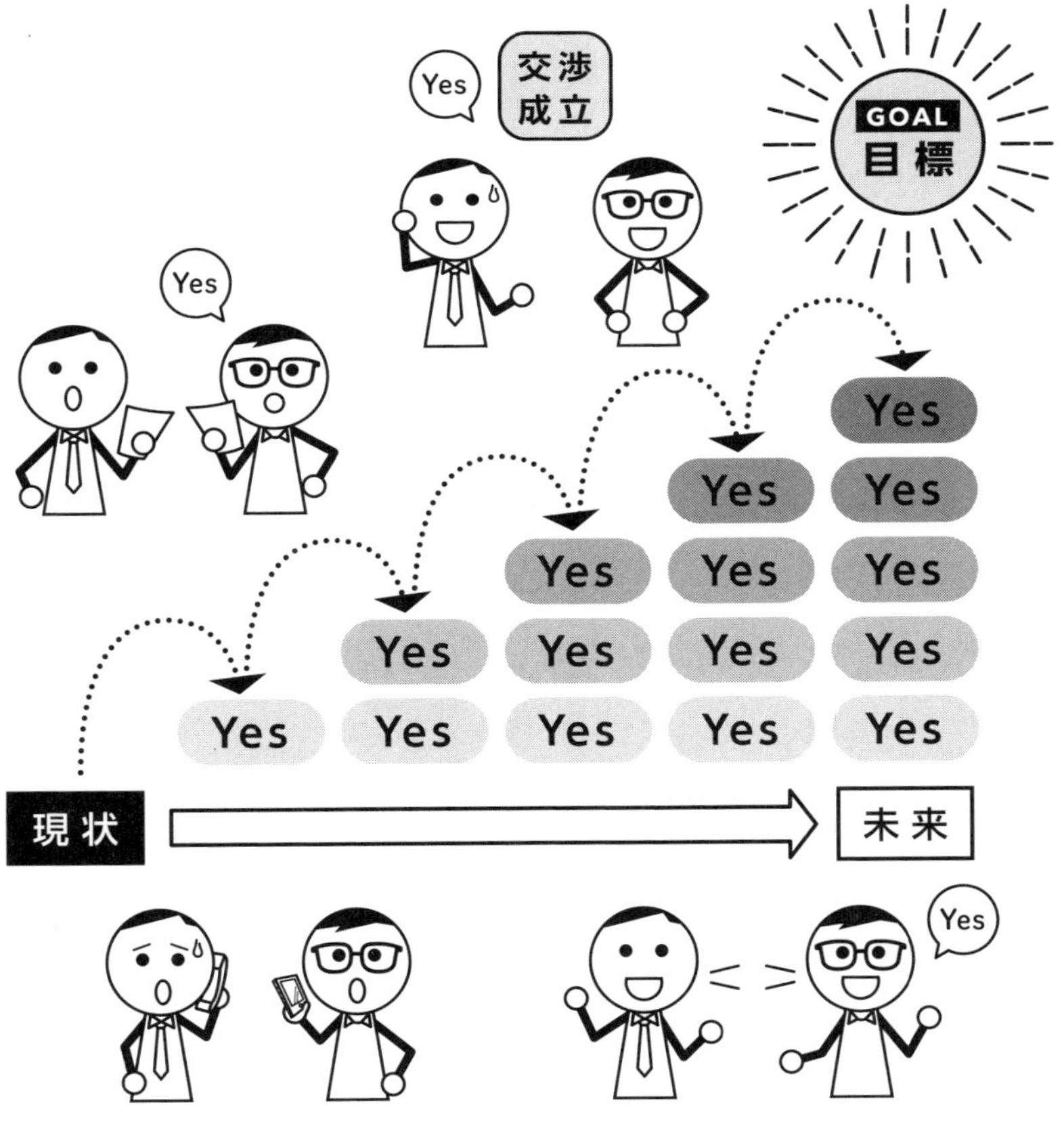

数々の相談や交渉を経て、小さな「Yes」を積み上げて、最終的な大きな目標を達成する。

の不満や問題点があったとしても解決策を見つけたり、時には妥協したりと、何らかの決定を下して前に進むことになります。

むしろ、その決定をしなければいけない強迫観念に追われているということもあるでしょう。日本は、一度決定したことや前例のあることに基づいて物事が進みがちなため、何か新しいことが発生した時に、対応策を見失って動けなくなったり、間違っていたとしてもそのまま貫いて実行したりする傾向があります。

これが日本の「前例主義」です。逆に言えば、一度何かの前例や目標を作ったら、そこに向かってしか動けないということですが、その力を利用することも可能なのです。

日本人は基本的に優柔不断で決定のできない人たちが多いですから、目標に対して臆病になっている権限者にいきなり大きな決定を迫るのではなく、小さなＹｅｓを積み重ねていくことで安心感を与えれば、反応がまったく異なるはずです。

Point!

交渉のゴールは、その先のさらに大きなゴールへと向かうための通過点にすぎないと認識し、その場のＹｅｓを取りに行く。

Strategic Negotiations

7 背伸びした目標を設定し、低すぎる条件で手を打たない

交渉とは、パイの取り合いであることは最初に説明した通りです。そこで少しでも自分たちに有利になる状況を獲得することが、交渉での勝ち負けとなります。

自分たちがどんなに努力したとしても、相手に百戦錬磨の達人がやってきたら、タジタジとなってしまうかもしれません。しかし、こちらも譲ってしまってはそこで終わりです。小さな妥協点を見つけて少しずつＹｅｓを積み重ねることによって、じわじわと相手を追い詰めていく方法を考えましょう。

その手法のひとつとして、意外と効果的な方法があります。それは、ちょっと先の、背伸びした目標を提示して相手の様子をうかがい、作戦を考える方法です。

これは、ほぼアンカーリングと同じ手法です。**低いところに目線を置いていては、こちらが損をするばかりです。そこで、少し目標よりも高いところを提示して、相手の様子を見るのです。**

例えば明らかに1万円の商品に対して、10万円と提示しても相手にしてもらえないでしょう。しかし、1万円の商品に対して2万円と提示したら、高いとはいえ現実的にはあり得る金額となります。そこで、交渉が始まります。

2万円ではちょっと高い。だから1万円にしてくれ。いや、そこでは私たちは妥協できないから1万5000円ではどうか。いやそれでも難しい、何とか1万2000円で手を打ってくれないか。わかった、そこで手を打とう。

こうしたやり取りが展開すれば、1万円の商品を交渉によって1万2000円で販売することができます。

交渉とは、決裂させずに相手にどこまで要求できるのかが最大目標です。その方法として、想定よりもちょっと上の目標を提示した後に、対話によってお互いの妥協点を見つけるわけです。

自分たちの要求が高いところで決まればそれに越したことはありません。しかし、そこは相手もあるわけですから、どう出てくるかによって、交渉の展開の仕方も変わり、そのための作戦の立て方も異なってきます。

その様子を見るのが、ちょっと高い位置を提示する方法なのです。OKが出れば問題なし。相手が渋ったならそこからが交渉のスタートとなります。

このように、**現実的な範囲内で少しだけ背伸びをした提案は、交渉をスタートさせ、展開を促すきっかけとなります。**絶妙なラインを狙って、その交渉が決まればこんなに嬉しいことはないでしょう。

Point!

ちょっと先のギリギリOKラインを探ってから、一歩引き下がってプラスになる場所を見つける。

Strategic Negotiations

8

やっかいな4種類の相手と立ち向かう方法

交渉が常に順調に進むとはかぎりません。交渉相手は人によって様々。どんな性格で、どんなことを考え、どんな使命を負っているか、それによって交渉相手の対外的な人物像が決まります。厄介なタイプは大きく分けて、次の４つに分類できます。

- **最初から結論が決まっていて譲らないタイプ**
- **理詰めで相手を攻めてくるタイプ**
- **根拠のない自信を持っているタイプ**
- **優柔不断でその場で決められないタイプ**

まずは最初から結論が決まっていて、自分の言い分が通らなければテコでも動かない、どうしようもないタイプです。これは、対面してもなかなか強面で攻めてくるので、気持ちとして臆してしまうことは仕方ありません。

ただ、相手が論理的に正しいことを主張しているとはかぎりません。強引な言い分に怯《ひる》みはすると思いますが、**冷静に考えて、それが自分だけでなく相手にとってもメリットがあることなのか、論理的に詰めていけば、実際に強引な意見を述べているのであれば、いつか破綻するはずです。**

この部分をあらかじめ知っておいて、相手にも感づかせてからその部分を突いて、話し合いの継続を狙うのです。そうすれば、相手はいつか降伏する可能性が高くなります。

次に手強いのは、理詰めで攻撃してくるタイプです。情報量も豊富で理路整然とこちらを攻めてくるわけですから、なかなか一筋縄ではいきません。普通に向き合えば神経質な雰囲気や強気な面立《おもだ》ちでこちらを威圧してくるのですが、意外とこういうタイプが弱いのは、人間的なつき合いです。

例えば、**会議の後に立ち話の体で世間話やごく日常的な話を持ち込んだり、途中の飲み会や食事会などを催すことで、本人のキャラクターを引き出すと、意外と面白い人物だったりすることがあります。こういった人間的な関わりが思った以上に効果を上げる**ことが多いのです。感情に訴えかけるというのもひとつの手です。

続いて面倒なのは、基本的に何の根拠もなく持論を展開し、無意味な自信をひけらかす相手です。個人で起業した「お殿様」系の人物によく見られます。基本的に彼らは勢いだけで話していることが多く、自分の周りもイエスマンで固めているため、彼を止める力を持ってはいません。なかなか面倒な人ではありますが、このタイプの人たちは自信満々に話しているうちにどこかで論理破綻が表れます。

自分の言うことだけを正論と信じているため、客観的な判断ができなくなっているのです。その矛盾や破綻部分を突けば、落とし所が見つかるでしょう。人によってはこちらを挑発してくることもあるでしょうが、そこは冷静に「第三の自分」を横に置き、頭に血が上りそうな自分を抑える必要があります。

そしてもうひとつのタイプが、小心者ゆえにその場で決定されるのを恐れ、次々と疑問や難題を提示して前へ進めさせてくれない人たちです。決定する勇気を持たないため、優柔不断な対応をし、無駄に時間を費やして交渉の進展が望めないので、こちらもイライラしてしまいがちです。ただ、そのやり方に乗ってはいけません。本当に困った人たちもいるとは思いますが、その姿を借りて意図的に優柔不断を演じて状況の引き伸ばしを図っている場合もあるからです。

このようなタイプの人たちは確認と承認を重要視しますから、ちょっとしたことで文書を作成し、手続きを求めてきます。

この場合は、もう焦ることなくゆっくりと時間をかけて、着実にこちらが求めるＹｅｓを少しずつ取っていくしかないでしょう。文書で確認していればその部分を否定することができなくな

ります が、逆に約束事を上手に利用し、こちらになるべく有利な展開を求めていくことが得策です。

全ての相手がこの4つにきちんと分類できるわけではありません。いくつかのキャラクターが複合してさらに面倒くさくなっている人はいますし、「規格外」の人も大勢います。ただ、手段のひとつとして、こういう傾向があることは理解してもいいかと思います。

> Point!
>
> **手強い相手は大きくわけて4パターンに分類できる。その特徴と傾向を理解した上で対策を練っておく。**

Strategic Negotiations

9 交渉は時には「断る」ことも必要

交渉の中で、相手に足元を見られて無理難題を突きつけられたり、交換条件を提示されたりすることがあります。

特にハードな交渉の現場では、少しでも相手は自分に有利な条件を確保したいわけですから、こうした駆け引きも交渉テクニックとして大切であり、時に有効な場合もあります。ただ、やられた相手からすれば、いい気持ちがしないのは間違いありません。

自分が同じことをされたらどうしましょう。やはり断ろうという考えは頭の中をよぎるはずです。しかし、今までずっとつき合ってきた相手で今後も協力関係を維持したい場合や、今回の交渉がうまくいけば相手と新規事業が展開できる見込みがあり、今回だけ泣いておこうといった場合など、立場や状況によって対応の仕方も変わります。

どこまで相手に気をつかえばいいのかが、ここで決まります。ただ、**一度主従関係を結んでしまうと、その後に立場が逆転することはほぼなく、ずっと相手が上に立ったままとなるでしょう。**

こうしたことを踏まえると、時と場合によっては、相手の要求を断ることも必要になります。

この断り方にも、いくつかのテクニックがあります。

例えば、「今はダメだけれども、将来的にはありかもしれない」という曖昧な状態で、**今だけはやんわり断っておく**というパターンです。この方法を使われると、相手も無下にはできなくなり、角も立ちにくくなります。

また、交換条件を提示して「ここまでは受けられますが、残りの部分についてはさすがにお断りします」など、**部分的には了承し、それ以外は断るという明確なラインを引いてしまう**というテクニックもあります。

似たテクニックとして、「では、今回はここまでは受け入れますが、その代わりにこちらの別の案件は了承していただきます」と**交換条件をつけて、相手に承知させるか、要求を引っ込めてもらう**などの展開に持ち込む方法もあります。

また、自分の立場を守りつつ断りたい場合には、「会社の規則でそれはお受けできないもので」「うちの上司がどうしても了承してくれないんですよ」と、**自分は断りたくはないのだけれども、社長や上司など決裁権者や、会社の規則などの「第三者」がそれを認めないという方法**があります。ルールは絶対に曲げられないと言われれば、相手もこれは見込みがないと察することになります。

このように、会話の中に取り入れやすい断りのテクニックは、色々とあります。バリエーションを身につけておけば、それだけ余裕を持って交渉に臨むことができます。**大切なのは、なるべく角を立てずにやんわりと、なおかつきっぱりと断りを相手に伝えることです。**

Point!

交渉では時に無理難題を提案されることもある。断るパターンを身につけ揉めずに断りの意志を伝えよう。

Strategic Negotiations
10

交渉が終わったら「満足者」になること

数々の難関を乗り越えて、ようやく交渉が最終的に決めたゴールに到達したら、最終段階は契約を交わすクロージングとなります。

ここまで来たら、後は大きな問題は起きないはずです。それでこその交渉であり、ゴールなのですから。最後はお互いに気持ちよく終わりたいものです。

もし交渉がうまくいかなかったり、思っていたよりも譲歩を強いられたりしたとしても、それはそれ。次の新しい交渉が始まります。**様々な手を尽くして戦ったのですから、お互い「戦友」です。ここで満足感を得ることが次の新しい交渉へのステップとなります。**

成功してない場合は、なぜ交渉がうまくいかなかったのか、どうすれば交渉を成功させることができたのかをきちんと分析し、次の交渉に向けての経験とすべきでしょう。**失敗は反省することによって次の「戦い」のための糧となります。**

「負けた」と悲観的になるのではなく、ポジティブに結果を受け取りましょう。ここで満足感を得ることができなければ、次の交渉も前向きに臨むことはできません。いちいち細かいことで後悔せず、次の新しいゴールを目指して交渉に向き合いましょう。

Point!

交渉はクロージングまで手を抜かず慎重に。次の交渉を目指して「満足者」になって終わろう。

Strategic Negotiations

11 交渉には「運」の要素があることも理解する

私はスピリチュアルなものは比較的好きで、世の中には不思議なことが多く存在すると感じています。その中でも、やはり「運」というものがその人の人生なり、生活なりを左右することはあると思っています。

私たちは多くのＹｅｓを取ってきたからこそ今その立場に存在するわけですが、過去を振り返ってみた時に、一歩間違えば生死がかかった危ない橋を渡っていたり、奇妙な偶然でかつての知り合いにばったり出くわし、そこから人間関係が変わったりするなど、思ってもみない出来事を経て今に至ったということがあるはずです。

渋谷で買い物をしていたらスカウトされて今や大女優という、人生が一転したストーリーも聞いたことがあるでしょう。

運や運命などといった言葉のどこにも確かな根拠は存在しませんが、口に出して宣言したことが現実になる「言霊《ことだま》」というものが、自分の潜在意識に問いかけ、それを実現しようと無意識に行動している結果なのではないかという推測は成り立つと思います。

交渉も、どんな人物とどう関わるかは予測ができませんし、相手が偶然にも学生時代の先輩だったといったこともあります。ただ、その場所で何らかの交渉が行われるに至ったのは、それまで築いてきた人間関係や人脈がそれとなく裏で影響し合い、自分を本来いなかったはずの場所へ導いてくれたという考え方もできます。

その交渉において出会った人間関係は、自分がそれまで構築してきたり、何らかの蓄積によって生まれたりしたものです。ならば、それは偶然ではなく必然だったと考えることもできます。

常に物事をネガティブに考えていると、マイナスの「言霊」に導かれて全ての交渉事や人生が裏目裏目へと転じていくこともあるでしょう。将来をネガティブに考えること自体がただの時間の無駄です。

ポジティブな言葉を発して、言霊として実現されたほうがはるかに得なのですから、物事は何でも前向きに考え、常にポジティブに向き合いましょう。きっと運が味方をしてくれ、交渉は成功します。そのために、普段からの行動を大事にしていくべきです。

Point!

交渉事の「運」は、自分がこれまで築いてきたものの蓄積や考え方に導かれると心得る。

Strategic Negotiations

巻末資料

交渉を満たす7大要素
交渉チェックリスト

交渉を満たす７大要素

CHECK			
□	1	リレーションシップ	問題を協力して解決するような関係性の構築ができているか？ ➡ **関係構築が交渉成功の礎になる**
□	2	コミュニケーション	意志疎通の民主的公平性の確保はできているか？ ➡ **建設的に議論できる環境を整える**
□	3	利害関心	互いにどう考え、感じているのか、理解関心がきちんと情報開示されているか？ ➡ **双方の利害関心の尊重と開示**
□	4	選択肢	選択肢の中で最善であり、無駄なく、的を射ているか？ ➡ **双方に利をもたらすような選択肢を提示するようにする**
□	5	正当性	公正であることが確保されているか？心がけているか？ ➡ **客観的な基準の共有あるいはそのすり合わせ**
□	6	代替案	合意形成ができなかった時のことを想定しているか？ ➡ **合意形成を行う目的の共有と、その最低限の遂行を視座に入れる**
□	7	コミットメント	提案は双方にとって現実的か？ ➡ **理想論おしゃべりではなく卑近でも現実的な具体的合意へ**

このチェックシートは主に仕事の場面で相手との合意（Yes）を得るための項目チェックとしてご利用ください。仕事に限らず、合意形成をしたい相手がいる場面で、このチェックリストの項目を確認しながら話を進めるのも、交渉戦略を作る上でとても重要になります。

交渉チェックリスト

年　月　日

案件No.	
案件タイトル	
担当	
相手の名称	
対象人数	個人　・　複数　・　法人
この交渉のゴール	
ゴールまでの理想時間	
相手の立ち位置	決裁者・キーマン(もしくはキーマン関連)・窓口担当
相手の希望(予測)	
相手の脅威は何か	
相手を尊重すべき点は何か	
相手が保持しようとしているものは何か	
立場の強弱	
利用すべき交渉手法	
求めていく交渉手順	
経過	
備考欄	

交渉チェックリストの利用例
（企業の金額交渉に関する例）

年　　月　　日

案件No.	001
案件タイトル	弊社商品に関する価格交渉
担当	鈴木、田中
相手の名称	○○株式会社
対象人数	個人　・　複数　・　法人
この交渉のゴール	相手からの商品○○の仕入れ額の15%の値下げ要求に対して、5%までの値下げに抑える
ゴールまでの理想時間	今月末まで
相手の立ち位置	決裁者　・　キーマン（もしくはキーマン関連）・窓口担当
相手の希望（予測）	商品○○の仕入れ額の15%の値下げ要求
相手の脅威は何か	窓口担当者による要求なので、圧力が掛かっている。 窓口担当には決定権がない
相手を尊重すべき点は何か	立ち位置によるプレッシャー
相手が保持しようとしているものは何か	値下げ要求15%をこちらに飲ませること
立場の強弱	相手のほうが立場が強い
利用すべき交渉手法	代替案・アンカーリング
求めていく交渉手順	相手は、窓口担当であるため、決定権を持っていない。 相手の決裁者に話を持っていくべく、逆に提案をぶつけて相手に持ち帰ってもらう。 さらなる話をする場合、決裁者と話したいという流れにする。 決裁者が出てきたら、ただの値下げを受けるのではなく、一度アンカーを「2%値下げ」という打診で定める。 ※ 2%と告げることで、相手との値下げの刻み数字を細かくするこちらのサービスの手厚さを伝え、相手の要求に乗り切らないようにする。
経過	
備考欄	

おわりに

最後に今一度、なぜ交渉が大事なのかという点について触れます。

現代は極度のストレス社会を迎えています。ネット社会からスマホ時代を迎え、コミュニケーションの手段に、メールやＳＮＳが増え、人と人の直接の出会いが減っている一方でストレスが増えていると言われています。

ストレスというのは、自分の思い通りにことが運ばない時や、望まない状況を耐えなくてはいけない時に発生します。

例えば、他にも多くの人が自分と同じ思いをしていると感じる時と、「なぜ自分ばかりこんな目に遭うのか、他の人はいい思いをしているのに」と、置かれている環境に自らが落差を覚えてしまう時に極度のストレスが発生します。これは人間の心理とも言えます。

現代のようなネット社会になる前は、直接会って話したり、電話で話したりするような「対話型の生活」だった時には、直接的な不満はコミュニケーションの中で解消していました。ところが、今は行き場がなくなり、自分の中で消化できずに、高ストレス状態に悩む状況の人が多い、と聞きます。

また文字のやり取りは相手の思考や感情が見えない傾向にあるため、思い通りのやり取りに進まないケースが多いのです。そして文字のやり取りでイザコザが発生した際には、大抵どちらもひかず、炎上するケースが多く見られます。こういった現代のコミュニケーションは思い通りにいかないことがたくさんあります。

この「思い通りにいかないこと」を少しでも自分の思うように進められるようにするには、イメージを形にするために言葉を口にしないといけないのです。**自分が実現したいことや、描いていること、希望していることを口にしないと状況は改善しませんし、自分にとっての明るい未来も訪れません。言葉を口にして相手に伝えること、その全てが**「**交渉**」であると考えます。

そして、**その言葉選びで未来は変わる**のです。

戦略的な交渉というのは、その描いた未来に近づくための手段・方法を順序立てて進めていくことです。目の前の相手を対話で打ち負かすことが交渉ではないのです。**本書に書いてきたような考え方と、場面と状況とゴールを見据えた発言を効果的にしていくことで未来は変わります。**

日本には、生まれ持って覆ることのないような絶対的な上下制度はありません。私たちは想像して、創造して、発言して、行動して、一度しかない自分の人生を変えていくことができるのです。

言葉にしましょう。そして実現したいことを順序よく語りましょう。戦略的交渉の根底はそこにあります。本書がそんな栄光の未来への一助になれたら幸いです。

――結びに代えて――

交渉の基本思考として「相手の気持ちになって考える」ということは重要な要素になります。私はこの考え方を、太陽のような存在であった母から学びました。「自分がされて嫌なことは人には絶対しない」私にとってはとても大事な言葉です。自分の行動規範になっているといっても過言ではありません。簡単なようでも、できている人が多いわけではないと思われ、この考え方を世界中の人が持っていたら、どんなに世界は変わるだろう、とも感じます。

感謝の気持ち、と言葉にすると安易に思えるかもしれませんが、その前提として、今、自分の生活は、自分ひとりででき上がっているものではないと考えます。この家は自分で作ったのか？　お米や野菜は自分でイチから栽培したのか？　自分には常に相手が存在して、自分にはできないことをやってくれる人がいるという考え方が大切です。その「誰かのお陰」という存在の全てに感謝するべきことを忘れている人が多いように感じます。

私の両親はパン屋を経営していました。寡黙な職人気質な父と、いつでも笑顔を振りまく母。私が幼い日から両親は朝早く起きて、夜遅くまで働き、週末もゆっくり休むことなく、懸命に働いていました。その背中を見て、私はたくさんのものを学びました。

私は大学生の頃、音楽で本気でプロを目指していました。今思えば、そんな私の無謀とも言える挑戦にも、温かい目で見守ってくれた両親、弟、祖母がいたから、今の私があるのだと感じます。また、音楽でプロを目指す中で味わった数々の苦労が今の自分の思考の根本になっています。そのことをやりきらせてもらえたからこそ、一切振り返ることなく次のことに全力で挑むことができています。この経験がなければ、私は何か勘違いした若造のままだったと感じます。

そして妻（奈実子）と、息子（柑大）、娘（桔加）の存在は、私にとっては非常に大きなものです。家族の存在が自分自身を常に律してくれます。家を空けてしまう時間も理解してくれ、私が挑戦しようとしていることを否定せずに応援してくれることにはとても感謝しており、家族の存在が私の力になっています。今度は自身が親として、子どもたちに背中を見せる番であると自分を奮い立たせています。

さらには、私に社会人の数々の折衝の場を与えてくださった株式会社グッドクロスの原田大輔社長にも大きな感謝をしております。社会人の新米時代から多くの価値観を授けてくれ、のちに会社内の重役の任を頂き、多くの経験をさせて頂きました。頂いた機会が今の私の礎《いしずえ》になっています。

マクドナルドのＳＷマネージャー時代にお世話になった迫田雅彦店長、リクルート社のイズムを教えてくれた元リクルートの偉人である東正任さん、私に月刊美楽の連載の機会を与えてくださっている山内梓編集長、ウェールズＭＢＡで様々な意見を交換して切磋琢磨した21期生同期を始め学友の皆さん、戦略的交渉論の秋沢伸哉教授、この本の執筆機会を作ってくださった中川瞬さん、岩谷洋昌さん、そして執筆に関して多くのサポートを頂きました小松崎毅さんにも強く感謝しております。

厳しくても苦しくても、全ては自分の人生の糧と考えること。人には必ず浮き沈みの繰り返しが一定の周期で訪れます。全ての人は、全ての人なりに苦労し、成功し、を繰り返しています。他人の幸せを決して妬《ねた》むことなく、自分にとってのプラスの要素としてとらえ、そして日々成長することをかかさなければ人は必ず成功するのだと思います。

「私が私に生まれたこと」を、自分の人生を終えるまで感謝して生きていくこと。
それが一番の幸せであり、一番の成功であると感じます。

本書を最後まで読んでいただき、ありがとうございました。

Strategic Negotiations

↑ 交渉力を上げたいあなたへ ↓

本書で書かれている内容をご覧頂き、いかがでしたでしょうか？
交渉力を上げるためには、本書で書かれていることはもちろんのこと、
それ以上のツボやコツがあります。
そして、日常の中にある様々な交渉事についての質問がある方は、
ぜひ私のホームページの質問フォームから質問してみてください。
（質問はもちろん無料です）

https://www.ecnego.com/

また、今後様々な「交渉」に関する情報を
メルマガやリアルなセミナーを通じてシェアさせて頂きますので
関心ある方は、下記の無料メルマガと LINE@にご登録ください。
（LINE やメールからの質問も可能です）

メルマガ登録

https://www.ecnego.com/mailmag/

LINE@登録

右の QR コードを LINE の友だち追加で
読み取って登録してください。
もしくは

https://line.me/R/ti/p/%40rfc8470c

をクリック、または

LINE ID：@rfc8470c

で検索してください。
必ず ID の最初に「@」をつけてください。

問い合わせや取材などは下記のメールアドレスからお願いします。

info@ecnego.com

石 井 通 明（いしい　みちあき）
1979年生まれ。日本交渉学会正会員。アルバイト時代にコールセンターでテレフォンオペレーターの仕事に従事。そのままその会社に就職し、リーダー、課長、部長に5年で昇進し、取締役COOに最短で就任。現場では、電話業務から強いられる困難な応対をまとめる立場として、交渉の能力を高めた。そのあと、コールセンターの依頼主やクレーム主との対応などで交渉術の奥深さを知り、交渉のスキルを高めるために、2012年から交渉学の権威である英国ウェールズ大学で3年間学び、MBAを取得。ハーバード流交渉術や行動心理学、コンフリクトマネジメント（職場で発生する利害の衝突・対立を、組織の成長や問題解決につなげようとする取り組み）などを研究。MBAを取得後、交渉のスペシャリストとしてコンサル、講演をこなす。日本交渉学会の気鋭の若手として活躍中。交渉学についての学術論文『声の印象による交渉術』が大阪大学、学会から2016年高い評価を得た。

最高《さいこう》の結果《けっか》を得《え》る「戦略的《せんりゃくてき》」交渉《こうしょう》の全《ぜん》技術《ぎじゅつ》

2019年10月20日　初版発行

著　者　石井通明

発行者　杉本淳一

発行所　株式会社日本実業出版社　東京都新宿区市谷本村町3−29 〒162−0845
大阪市北区西天満６−８−１ 〒530−0047

編集部　☎03−3268−5651
営業部　☎03−3268−5161　振　替　00170−1−25349
https://www.njg.co.jp/

印刷／厚 徳 社　　製 本／共 栄 社

この本の内容についてのお問合せは、書面かFAX（03−3268−0832）にてお願い致します。
落丁・乱丁本は、送料小社負担にて、お取り替え致します。

ISBN 978-4-534-05732-7　Printed in JAPAN